SCÈNES

DE MŒURS

JUDICIAIRES

EN PROVINCE,

PAR

J.-A.-E. LATOUR,

De Briançon (Hautes-Alpes),

PRÉSIDENT DU TRIBUNAL DE PREMIÈRE INSTANCE DE GRENOBLE.

GRENOBLE,

IMPRIMERIE N. MAISONVILLE, RUE DU PALAIS, 4.

1852.

SCÈNES

DE

MŒURS JUDICIAIRES.

SCÈNES

DE

MOEURS JUDICIAIRES

EN PROVINCE,

PAR

J.-A.-E. LATOUR,

De Briançon (Hautes-Alpes),

PRÉSIDENT DU TRIBUNAL DE PREMIÈRE INSTANCE DE GRENOBLE.

Les longs ouvrages me font peur.
LAFONTAINE.... *(Epilogue.)*

GRENOBLE,

IMPRIMERIE MAISONVILLE, RUE DU PALAIS.
——
1852.

NOTES

—◁—

Ce petit recueil, on le verra bien, a été écrit en province. L'auteur y a esquissé quelques croquis de mœurs qui se trouvaient sous ses yeux. La classe de personnes qui les lui a fournis est peut-être celle qui, sous divers rapports, exerce la plus grande influence sur la société en général : aussi espère-t-il que le titre de son ouvrage excitera quelque curiosité ; mais il n'ose pas assurer d'avance que cette curiosité sera satisfaite. Sans être littérateur, il sait que le théâtre a déjà reproduit nombre de fois les traits principaux de ces mœurs, sur lesquelles il s'est essayé à son tour ; et, certes, il ne prétend pas entrer en lutte à cet égard avec les grands maîtres ; il croit cependant avoir saisi certaines actualités de détail qui ne sont pas sans intérêt. Il pense même, d'après ce qu'il a vu, su, ou entendu dire, que, dans plus d'une localité, on croira, en lisant ses opuscules, qu'il a eu en vue des personnages déterminés. Mais il se hâte d'ajouter

1

qu'on serait à ce sujet dans la plus complète erreur.
Loin de lui la pensée d'avoir songé à qui que ce soit
individuellement, et d'avoir voulu livrer un nom quelconque à la risée publique !

Chacune des petites pièces qu'il a rassemblées sera
précédée d'une note destinée à annoncer l'idée générale
dont il s'y est occupé. Il s'est servi de la forme dramatique, parce qu'elle lui a paru plus propre que toute
autre à mettre en relief ce qu'il tenait à dire. Il a cru
encore qu'il devait donner à ses compositions un peu
plus d'action qu'on n'en trouve généralement dans les
proverbes dramatiques. Si les siens ne sont pas faits
non plus pour la scène publique, ils pourront peut-être
se jouer, avec quelque amusement pour les acteurs
et les spectateurs, sur des théâtres de société. C'est
dans cet objet que deux de ces proverbes ont été mêlés
de couplets que l'auteur a même tâché de tourner de
manière à ce qu'on pût encore les lire, s'ils ne devaient
pas être chantés, c'est-à-dire si ses bluettes ne devaient
être que lues. Il a raisonné, en cela, un peu au rebours
du poète qui a dit :

> Les vers sont enfants de la lyre ;
> Il faut les chanter, non les lire.

UNE CONCILIATION,

ou

IL FAUT BIEN VOULOIR CE QU'ON NE PEUT PAS EMPÊCHER.

—

PROVERBE DRAMATIQUE.

NOTE SUR LE PREMIER PROVERBE.

C'est chose à peu près reconnue dans le monde que les hommes d'affaires cherchent à avoir des procès comme les marchands cherchent à avoir des acheteurs, et que les uns et les autres ne refusent pas trop ce qu'ils désirent, par un simple scrupule de délicatesse. A raison des rapports de société dans lesquels il vit, l'homme d'affaires est cependant obligé, par convenance, d'engager ses clients à se concilier, au lieu de les entrainer sur-le-champ dans des contestations judiciaires.

C'est chose incontestable également, que le magistrat est tenu à une plus grande rigidité de mœurs que la plupart des autres citoyens, et que même il serait frappé d'infamie, s'il profitait de sa position publique pour donner cours à de coupables passions.

Il est cependant possible de concevoir des situations de la vie où une lutte soit établie entre les devoirs de l'homme d'affaires ou du magistrat et de fâcheuses excitations. Il est possible de concevoir aussi que l'un et l'autre soient garantis par des circonstances fortuites qui les sauvent de la honte, mais non pas précisément du blâme, ni même du ridicule.

C'est dans l'une de ces circonstances que seront placés, à la fois, un avoué, un avocat et un magistrat, dans le proverbe qui a pour titre : UNE CONCILIATION.

PERSONNAGES.

—

LE PRÉSIDENT DU TRIBUNAL.
DUFOUR, *avoué.*
BLAINVAL, *avocat.*
DE CLAIRVILLE, *propriétaire.*
Mme DE CLAIRVILLE.

————

La scène se passe dans un chef-lieu d'arrondissement.

UNE CONCILIATION,

ou

IL FAUT BIEN VOULOIR CE QU'ON NE PEUT PAS EMPÊCHER.

PROVERBE.

Le théâtre représente un vestibule. Porte au fond; une à droite du spectateur, avec cette inscription au-dessus : *Cabinet de M. le Président.* Autre porte à gauche du spectateur, avec cette inscription au-dessus : *Salle d'audience.*

SCÈNE Ire.

LE PRÉSIDENT, *seul.*

(Il parle à des personnes qui viennent de sortir par la porte du fond.)

Adieu..., adieu... Que votre réconciliation soit aussi durable que sincère! *(Revenant sur le devant de la scène.)...* Que de peine pour en venir à bout! Enfin, j'y ai réussi. Oh! c'est une bien belle mission que la loi nous confie! Réconcilier deux époux, ramener à leurs saintes obligations deux êtres qui avaient juré d'y consacrer tous les instants de leur vie, et qui s'en écartent, ou par l'effet d'une passion déplorable, ou par une malheureuse susceptibilité : voilà, pour un président de tribunal, la douce compensation aux fatigues et aux ennuis de ses devoirs habituels. Il y a bien aussi, dans cette partie de nos attributions, un côté parfois plaisant, bizarre, bouffon, et même....., oui..., par intervalles..., une jolie figure...., une tournure gracieuse, au milieu de tant de grotesques..... Ah!

monsieur le président, trève de réflexions badines. Retournez au sérieux de vos occupations... Oui... *(il bâille)...* oui.... retournons. Il doit me venir d'autres époux : que seront ces nouveaux justiciables? *(Il entre dans son cabinet.)*

SCÈNE II.

DUFOUR, Mme DE CLAIRVILLE.

Mme DE CLAIRVILLE.

J'y suis bien décidée, monsieur Dufour !

DUFOUR.

Il faut y mettre du calme, de la réflexion.

Mme DE CLAIRVILLE.

De la réflexion....! Monsieur, apprenez que je n'ai jamais réfléchi de ma vie. Je me suis mariée sans y réfléchir : je veux, sans y réfléchir, me séparer de mon mari.

DUFOUR.

Avez-vous bien songé à la sainteté du nœud....

Mme DE CLAIRVILLE.

La morale m'ennuie à la mort !

DUFOUR.

Au scandale que....

Mme DE CLAIRVILLE.

Les cancans font mes délices !

DUFOUR.

A tout l'argent qu'il peut vous en coûter?

Mme DE CLAIRVILLE.

Et c'est vous qui le regrettez !

DUFOUR.

Moi, sans doute, et quoi qu'on dise sur le compte des avoués, soyez persuadée qu'ils valent mieux que leur réputation.

Mme DE CLAIRVILLE.

Ah ! mon Dieu ! où en serions-nous, si cela n'était pas !

DUFOUR.

Il en est, j'en conviens, dont l'ambition......

Mme DE CLAIRVILLE.

Fait la renommée du corps entier. Je crois aux exceptions, monsieur Dufour, et vous place aux premiers rangs de ceux qui les fournissent.

DUFOUR.

Trop heureux, madame, de l'opinion que vous daignez avoir de moi !

Mme DE CLAIRVILLE.

Aussi, ne croyez pas que vos observations n'aient produit aucune impression sur mon esprit.

DUFOUR.

Il se pourrait !

Mme DE CLAIRVILLE.

Oui ; et telle est la mobilité de mon caractère, de mes idées, de mes sentiments, qu'au ton persuasif de vos paroles, je sens faiblir ma fermeté.

DUFOUR.

Déjà !

Mme DE CLAIRVILLE.

Votre délicatesse et votre loyauté me sont de sûrs garants de votre sagesse.

DUFOUR.

Certainement, madame, je suis infiniment flatté de ces témoignages de votre confiance ; mais......

Mme DE CLAIRVILLE.

Quoi ?

DUFOUR.

Vous auriez dû faire ces réflexions-là un peu plus tôt.

Mme DE CLAIRVILLE.

Ne vous ai-je pas dit que je ne réfléchis jamais ? Vous devez en juger, d'ailleurs, par ma précipitation même à vous croire.

DUFOUR.

Sans doute : et je crains qu'un aussi brusque changement dans vos intentions ne vous donne une fâcheuse réputation de légèreté.

Mme DE CLAIRVILLE.

Me la donner est impossible. L'augmenter, il se peut.
Qu'importe !

DUFOUR.

Et tous ces griefs que vous trouviez si graves ?

Mme DE CLAIRVILLE.

Je les apprécie mieux.

DUFOUR.

Ces reproches amers que la sagacité de votre esprit transfor-
mait en injures, malgré le rigorisme de la jurisprudence :
vous seriez capable de les oublier !

Mme DE CLAIRVILLE.

Oui, vraiment.

DUFOUR.

Celui même dont vous paraissiez si courroucée...... celui
de coquetterie ?

Mme DE CLAIRVILLE.

Tenez, monsieur Dufour, je n'ose pas répondre de ne l'avoir
pas un peu mérité.

DUFOUR.

Mais enfin, madame, vous m'avez dit cent fois qu'il vous
était désormais impossible d'habiter avec votre mari ; que vous
ne l'aviez jamais aimé, que vous l'abhorriez maintenant !

Mme DE CLAIRVILLE.

Oh ! je vous l'ai dit, sans doute....... mais... je ne sais pas
si je le pensais.

DUFOUR.

Vous me l'avez fait écrire. Je l'ai consigné dans ma
requête...... avec tous les accessoires d'usage et obligés.
Vous l'avez signée, cette requête, vous l'avez signée ; votre
mari en a connaissance. Voici le moment où l'un et l'autre
allez comparaître en personne devant le président du tribunal ;
vous, pour l'accuser ; lui, pour se défendre. Ne vous y pré-
senterez-vous que pour vous désavouer vous-même ?

Mme DE CLAIRVILLE.

Il m'importe assez peu de me dédire. Vous venez d'ailleurs
de me le conseiller.

DUFOUR.

Dieu m'en préserve, madame, et vous m'avez très-mal compris. Mes efforts tendront toujours à vous détourner d'une séparation définitive ; mais je me prêterai de toute mon âme aux moyens de ramener M. de Clairville à de meilleurs sentiments, à des procédés plus convenables envers vous. C'est en le menaçant d'un éclat à l'audience que nous pourrons y parvenir. Pour qu'il s'en effraie davantage, nous ferons jouer tous les ressorts de la procédure : comparutions, écritures, interrogatoires, enquêtes, contre-enquêtes ; nous en épuiserons toutes les phases. Mais au jour de la plaidoirie nous nous arrêtons, nous devenons magnanimes, nous tendons la main à notre adversaire, et son avocat......, son superbe avocat met son plaidoyer dans sa poche.

Mme DE CLAIRVILLE.

Ne vaudrait-il pas mieux s'arrêter dès à présent ?

DUFOUR.

Du tout, madame, du tout. Votre amour-propre est trop intéressé...... à ne pas reculer au premier abord.

Mme DE CLAIRVILLE.

Eh bien, je m'abandonne à vous ; je ferai aveuglément tout ce que vous voudrez.

DUFOUR.

Prenez-y garde, madame ! Je dois maintenant vous livrer à vous-même. Voici le cabinet de M. le président ; s'il m'est permis de vous y accompagner, mon devoir est de me retirer immédiatement. Mais la porte s'ouvre : c'est M. le président lui-même.

SCÈNE III.

Mme DE CLAIRVILLE , LE PRÉSIDENT , DUFOUR.

(Mme de Clairville et le président paraissent surpris l'un et l'autre de se rencontrer.)

LE PRÉSIDENT.

Mon aimable compagne de voyage......! A quelle heureuse circonstance, madame, dois-je l'honneur de vous rencontrer ?

Mme DE CLAIRVILLE.

Un malheureux procès.......

LE PRÉSIDENT.

Devant ce tribunal......? et vous ne m'en avez rien dit?

Mme DE CLAIRVILLE.

Vous me parliez de tant d'autres choses, monsieur....., qu'en vérité, je n'ai pas dû.....

LE PRÉSIDENT.

M'en entretenir...... Ah, c'est une réserve, une délicatesse.......

Mme DE CLAIRVILLE.

Que j'aurais eues, sans doute....., si monsieur m'avait fait soupçonner seulement qu'il fût magistrat.

LE PRÉSIDENT.

Madame est donc.....

DUFOUR.

Madame de Clairville, forcée d'entamer une demande en séparation de corps, et pour qui j'ai présenté à M. le président une requête qu'il a répondue d'ordonnance portant permission d'assigner les époux à paraître, aujourd'hui, dans son cabinet.

LE PRÉSIDENT.

Ah! madame, il paraît que de bien graves motifs vous contraignent à une pareille démarche?

Mme DE CLAIRVILLE.

Mais....

DUFOUR.

Les plus graves, monsieur le président, les plus graves !

LE PRÉSIDENT.

Mon devoir, en pareille circonstance, m'obligerait à faire tout ce qui dépend de moi pour réconcilier des époux.

Mme DE CLAIRVILLE.

Vraiment?

LE PRÉSIDENT.

Cependant...

DUFOUR.

J'en ai prévenu madame, et j'ai fait tous mes efforts pour lui persuader qu'elle ne devait pas pousser son action jusqu'aux dernières limites, mais...

LE PRÉSIDENT.

Que l'ayant commencée, son amour-propre au moins est engagé à ne pas reculer dès les premiers moments?

DUFOUR.

Sans doute.

LE PRÉSIDENT.

En autorisant d'ailleurs madame à se retirer provisoirement dans une autre demeure...

DUFOUR.

On donnerait à M. de Clairville le temps de réfléchir.

LE PRÉSIDENT.

Et de comprendre tout ce qu'il serait exposé à perdre.

DUFOUR.

(A part.) Ou à gagner.... *(Haut.)* Vous le voyez, madame, monsieur le président partage ma manière de voir.

Mme DE CLAIRVILLE.

Je ne doute pas de l'intérêt que monsieur daigne m'accorder.

LE PRÉSIDENT.

Et si madame veut bien me permettre de joindre quelquefois mes conseils à ceux de son honorable avoué, et d'aller m'assurer de ses dispositions...

Mme DE CLAIRVILLE.

Pour mon mari, monsieur?

DUFOUR.

Quelle heureuse circonstance pour moi, pour vous, madame! J'entrevois que M. le président a, sur votre procès, des idées qui sont en parfait rapport avec les miennes. J'abandonne donc à sa haute sagesse le soin d'en achever le triomphe dans votre esprit.

SCÈNE IV.

Mme DE CLAIRVILLE, LE PRÉSIDENT.

LE PRÉSIDENT.

Ah! permettez-moi, madame, de profiter de ces trop courts moments pour me féliciter de la circonstance.... bien imprévue, qui nous réunit aujourd'hui.

Mme DE CLAIRVILLE.

Votre galanterie allait lui donner encore une autre épithète.

LE PRÉSIDENT.

Votre bienveillance ne l'avait-elle pas autorisée ?

Mme DE CLAIRVILLE.

Ma bienveillance....! Oh! dites ma légèreté, mon impardonnable légèreté. Je commence à m'apercevoir de tout ce qu'elle peut me coûter d'ennuis et de chagrins.

LE PRÉSIDENT.

De grâce, madame......

Mme DE CLAIRVILLE.

De grâce, vous-même, monsieur ! Je suis venue ici pour me présenter devant un juge : ne dois-je y rencontrer qu'un amant?

LE PRÉSIDENT.

Oui ; mais le plus vrai, le plus passionné de tous !

Mme DE CLAIRVILLE.

Arrêtez, monsieur, et sachez que, dans ma pensée même, l'irréflexion que j'ai à me reprocher n'a pas dépassé les bornes d'une simple coquetterie.

LE PRÉSIDENT.

Non, je ne croirai jamais, divine Elisa......

Mme DE CLAIRVILLE.

J'ai pu être un instant Elisa à vos yeux, mais vous ne vous présentiez pas aux miens comme M. le président du tribunal.

LE PRÉSIDENT.

Je ne le suis pas encore pour vous ; je ne m'attendais pas à le devenir.

Mme DE CLAIRVILLE.

Que ne m'avez-vous mise en position de vous connaître ?

LE PRÉSIDENT.

Qu'auriez-vous fait, alors ?

Mme DE CLAIRVILLE.

Ma foi, mon cher président, je me serais égayée encore un peu plus à vos dépens.

LE PRÉSIDENT.

Railleuse impitoyable.....! Et vous ne voulez pas que je me venge !

Mme DE CLAIRVILLE.

Vraiment.....! dans ce vestibule...... ouvert à tout venant.

LE PRÉSIDENT.

Non : mais mon cabinet est un asile que les usages du palais *(il va à la porte de son cabinet, l'ouvre et fait voir qu'il peut se fermer de l'intérieur)*....... et une clef en dedans peuvent rendre impénétrable.

Mme DE CLAIRVILLE *(après un moment de pause).*

Assurez-vous du moins qu'on ne nous y voie pas entrer ensemble.

LE PRÉSIDENT.

Oh ! charmante......! *(Il va regarder en dehors de la porte du fond, et se retourne en disant :)*..... Et vous m'écouterez un instant !

Mme DE CLAIRVILLE *(qui, pendant ce temps-là, est entrée dans le cabinet, lui répond en fermant la porte sur elle.)*

Oui : en présence de mon mari.

SCÈNE V.

LE PRÉSIDENT, *seul.*

(Revenant contre la porte de son cabinet.)

Que dites-vous.......? fermée dedans......? Y pensez-vous, madame.......? A quoi voulez-vous m'exposer.......? S'il survenait quelqu'un.....! Et si c'était son mari, encore.......! Que dirais-je? Que ferais-je........? Ah, mon Dieu, qu'un moment d'imprudence peut m'être fatal........! Voici du monde, précisément.......! Ma foi, je me réfugie dans la salle d'audience, et j'y attendrai les événements.

SCÈNE VI.

DE CLAIRVILLE , BLAINVAL.

BLAINVAL.

Vous aimez pourtant votre femme ?

DE CLAIRVILLE.

Il fallait bien l'aimer, pour épouser une pareille étourdie !

BLAINVAL.

Et vous consentiriez à une séparation après quelques mois de mariage seulement?

DE CLAIRVILLE.

C'est précisément parce que je suis marié depuis peu que je pourrais m'y prêter.

BLAINVAL.

Je ne vous conçois pas.

DE CLAIRVILLE.

Mes raisons me paraissent bonnes. Une séparation qui, je l'espère, durera peu, sera une leçon pour Mme de Clairville, et je suis persuadé qu'elle-même s'efforcera bientôt de la faire cesser.

BLAINVAL.

Les termes de sa demande ne le font pas présumer.

DE CLAIRVILLE.

Croyez-vous, mon cher Blainval, que ce soit elle qui l'ait rédigée?

BLAINVAL.

C'est son avoué, il est vrai, et ces messieurs ne sont pas toujours.........

DE CLAIRVILLE.

Aussi exacts que vous, messieurs les avocats, dans vos plaidoiries.

BLAINVAL.

Je me fais gloire de l'être constamment dans les miennes.

DE CLAIRVILLE.

Et vous vous résignez à ne pas être mieux cru que vos confrères?

BLAINVAL.

Qu'y faire ? Dans votre procès, par exemple, on aura à me passer un peu de prolixité, puisqu'il entrera dans les besoins de ma cause de dire de vous tout le bien que j'en connais.

DE CLAIRVILLE.

Mais trop de mal peut-être de la partie contre qui vous porterez la parole ?

BLAINVAL.

Il faudra bien glisser quelques mots sur sa coquetterie ?

DE CLAIRVILLE.

A quoi bon ! je n'ai pas besoin d'attaquer ma femme : je ne veux que me défendre.

BLAINVAL.

Une défense ne serait jamais complète, s'il ne s'y mêlait un peu d'agression.

DE CLAIRVILLE.

Vous le croyez, messieurs du barreau, et transpercez souvent vos contradicteurs eux-mêmes avant d'atteindre leurs parties.

BLAINVAL.

Ma foi, c'est à charge de revanche.

DE CLAIRVILLE.

Et à la satisfaction de vos animosités personnelles.

BLAINVAL.

Quelquefois : cependant, avant tout, c'est pour les magistrats que nous parlons.

DE CLAIRVILLE.

Pas toujours. Ainsi, dans les procès comme celui où je suis engagé, vous songez moins à la conscience de vos juges qu'à l'émotion de votre auditoire.

BLAINVAL.

Il est certain qu'une séparation de corps.....

DE CLAIRVILLE.

Est une cause magnifique, n'est-ce pas ? une bonne fortune d'avocat ! C'est le genre d'affaire civile qui met le mieux son talent en évidence ; c'est une de celles qui font sa renommée, qui lui aplanissent toutes les voies, qui le conduisent à la fortune, aux honneurs, à la représentation, au ministère : où ne va pas un avocat aujourd'hui ! Mais ces sortes de causes aussi ne sont bien souvent que des occasions de scandale pour toute une assemblée, et des sources d'éternels chagrins pour plusieurs familles.

BLAINVAL.

A merveille, mon cher client ! Mais, à mon tour, permettez-moi de vous demander si vous êtes romancier ou journaliste ?

DE CLAIRVILLE.

Ni l'un ni l'autre, morbleu !

BLAINVAL.

On le dirait, pourtant, au pathétique de vos tableaux. Et d'ailleurs, quel mal y aurait-il ? Dans le temps où nous vivons, ces deux professions ne sont pas plus maltraitées que celle d'avocat. Mais, enfin, vous êtes au moins....

DE CLAIRVILLE.

Rien.

BLAINVAL.

Philosophe, voulez-vous dire ? Cela ne tire pas à conséquence. Eh bien ! mon grave philosophe, qui aimez votre femme, qui voulez la traiter comme un père et ne lui donner qu'un salutaire avertissement, vous qui la savez un peu.... légère, étourdie, croyez-vous qu'il soit bien sage, bien prudent à vous de lui donner la clef des champs ?

DE CLAIRVILLE.

En restant même avec moi, ma femme ne cesserait pas d'être libre.

BLAINVAL.

Mais surveillée...., protégée, comme il convient à une jeune femme de l'être toujours, comme Mme de Clairville aurait pu l'être dans le court trajet qu'elle a fait pour venir ici.

DE CLAIRVILLE.

Que voulez-vous dire ?

BLAINVAL.

Que dans le coupé de la diligence, elle s'est trouvée avec un inconnu dont le langage et les regards ont été observés ; qu'ils témoignaient d'une attention plus qu'empressée, et qu'on s'attendait à plus de sévérité dans les réponses de votre femme.

DE CLAIRVILLE.

Je ne vois jusque-là qu'une scène de coquetterie. Il est vrai qu'elle peut amener de plus graves événements. Mais comment avez-vous eu connaissance de ces détails ?

BLAINVAL.

N'ai-je pas dû rechercher tout ce qui peut assurer le triomphe de notre cause ? Voici, du reste, Me Dufour. Il accompagne, sans doute, son aimable cliente.

SCÈNE VII.

DUFOUR, DE CLAIRVILLE, BLAINVAL.

DUFOUR.

Il paraît, maître Blainval, que vous vous séparez moins facilement du vôtre.

BLAINVAL.

Ou qu'il est moins empressé de me quitter.

DUFOUR.

De me quitter... de me quitter. Nous verrons quel est celui de nous qui parviendra à conserver le plus longtemps....

BLAINVAL.

Le sien, voulez-vous dire?

DUFOUR.

Sa confiance, monsieur, sa confiance.

BLAINVAL.

Il est certain que si cette confiance dure autant que vos procédures....

DUFOUR.

Elle finirait plus tôt que vos plaidoyers.

BLAINVAL.

Mais coûterait à coup sûr davantage.

DUFOUR.

C'est cela, messieurs les avocats! vantez votre désintéressement, vous qui n'avez pas de tarif à respecter.

BLAINVAL.

Lorsque MM. les avoués se conforment si religieusement au leur!

DUFOUR.

J'espère bien, dans le procès actuel, vous fournir une occasion de le vérifier.

BLAINVAL.

Sur le nombre et l'étendue de vos rôles?

DUFOUR.

Vous y trouverez de quoi méditer vos improvisations.

DE CLAIRVILLE.

Peut-être que Mme de Clairville et moi, messieurs, ne mettrons pas plus longtemps à profit le zèle que vous commencez à déployer si bien.

DUFOUR.

Madame de Clairville! sa résolution est prise.

DE CLAIRVILLE.

Elle en change aisément.

DUFOUR.

Mais elle comprend, enfin, qu'elle doit se soustraire à votre tyrannie.

DE CLAIRVILLE.

A ma tyrannie, monsieur!

BLAINVAL.

Oh! Me Dufour l'aura bien éclairée sur ses véritables intérêts!

DUFOUR.

Comme M. Blainval aura rassuré monsieur par la puissance de son talent. Heureusement que des conseils plus influents que les miens ont prémuni Mme de Clairville contre la faiblesse de son caractère.

DE CLAIRVILLE.

Et ces conseils sont ceux....?

DUFOUR.

Du président du tribunal, ni plus, ni moins. Cet honorable magistrat porte un vif intérêt à ma cliente; et vous savez, maître Blainval, que, dans la cause en séparation de corps, lorsqu'il y a, d'un côté, une jolie femme à laquelle la magistrature s'intéresse, et, de l'autre, le premier talent du barreau, ce n'est pas toujours le mérite oratoire qui l'emporte.

DE CLAIRVILLE.

Trève de plaisanteries, monsieur. Comment le président du tribunal peut-il être prévenu en faveur de Mme de Clairville?

DUFOUR.

Ma foi, monsieur, elle pourrait vous le dire beaucoup mieux que moi. Je sais seulement qu'ils ont voyagé ensemble.

BLAINVAL *(à part,.*

Ah diable! c'est avec le président qu'elle a voyagé!

DUFOUR.

Aussi, quand j'ai présenté ma cliente, il y a quelques instants, M. le président a-t-il laissé entrevoir, aux premiers mots,
qu'il croyait à la nécessité d'une séparation de corps.

DE CLAIRVILLE.

Il n'y en aura pas! Je me défendrai.

BLAINVAL.

Nous plaiderons! (*A part.*) Ah! messieurs les magistrats,
à notre tour à vous tenir.

DE CLAIRVILLE *(à Dufour).*

Enfin, vous étiez avec ma femme, monsieur. Qu'est-elle
devenue? où est-elle?

DUFOUR.

Eh parbleu! à vous attendre, monsieur...! dans le cabinet
de M. le président.

DE CLAIRVILLE *(stupéfait).*

Depuis lors?

BLAINVAL *(se précipitant sur la porte du cabinet).*

Il est temps d'arriver.... peut-être.... (*Trouvant la porte
fermée.*) Mais non...., la séance est à huis clos.

DE CLAIRVILLE *(avec éclat).*

Je la rendrai publique, moi! et l'infâme suborneur n'échappera pas à ma vengeance. Misérable! ouvriras-tu cette porte,
ou faut-il que je la brise pour mettre à découvert ta scélératesse
et mon déshonneur!

SCÈNE VIII.

LES PRÉCÉDENTS, Mme DE CLAIRVILLE.

Mme DE CLAIRVILLE.

Non, monsieur, il n'est pas nécessaire de la briser; et vous
sortez bien mal à propos de la modération habituelle de votre
caractère.

DE CLAIRVILLE.

Mais vous sortez, vous, madame, d'un endroit où vous n'auriez pas dû rester sans l'assistance de quelqu'un.

Mme DE CLAIRVILLE.

Je doute que vous eussiez été plus satisfait si j'avais pris cette précaution.

BLAINVAL.

Oh! madame n'était pas seule.

DUFOUR.

Elle était avec son juge, maître Blainval!

Mme DE CLAIRVILLE.

Avec mon juge, monsieur, c'est très-vrai : j'étais avec ma conscience. J'étais aussi avec ma raison, qui s'est, je vous assure, trouvée fort en position de s'éclairer par vos discours.

DE CLAIRVILLE.

Par nos discours! expliquez-vous, ou plutôt laissez-moi demander à un autre ces explications.

Mme DE CLAIRVILLE.

Ecoutez-moi, Auguste. Ce n'est pas bien, je le sais; mais, j'en conviens, j'écoutais aux portes. L'oreille appuyée contre celle-ci, j'ai pu entendre tout ce qui se disait dans ce vestibule.

BLAINVAL.

L'autre oreille recueillait, sans doute, avec non moins d'attention, ce que lui disait M. le président.

Mme DE CLAIRVILLE.

Non, monsieur; ce que m'a dit M. le président, je l'ai entendu de mes deux oreilles, et je vais vous le répéter devant lui.

BLAINVAL.

Il convient alors d'entrer dans son cabinet.

Mme DE CLAIRVILLE.

Arrêtez, messieurs! Il n'y est pas.

TOUS.

Il n'y est pas!

Mme DE CLAIRVILLE.

Sa profonde délicatesse l'a empêché de rester avec moi hors
la présence de mon mari ou de mon avoué. En attendant votre
arrivée, pendant que je m'enfermais dans son cabinet, il s'est
retiré dans cette salle *(elle va ouvrir la porte de la salle d'audience)....* Venez, monsieur le président, venez recueillir le
fruit de vos sages conseils.

SCÈNE IX ET DERNIÈRE.

LES PRÉCÉDENTS, LE PRÉSIDENT.

LE PRÉSIDENT *(à demi rassuré).*

Dans quelles dispositions d'esprit puis-je espérer de vous
retrouver, madame?

Mme DE CLAIRVILLE.

Dans toutes celles où vous m'avez laissée. Prévenue déjà par
les excellents conseils de mon... honorable avoué, avertie par
ce que vous avez daigné me dire, effrayée par tout ce que me
préparait l'éloquence de monsieur *(en montrant Blainval)*,
convaincue enfin, par les quelques paroles de mon mari et
surtout par mes souvenirs, que lui seul est fait pour diriger
convenablement mon inexpérience, ah! je renonce de grand
cœur à mon ridicule projet de séparation. Je reviens à toi, mon
cher Auguste, pleine de repentir, de confiance et d'amour.

DE CLAIRVILLE.

Enfant! j'aurai à te le répéter bien souvent encore : tu serais
plus qu'adorable si tu n'étais pas si folle.

Mme DE CLAIRVILLE.

Va, je me corrigerai du tout en même temps.

LE PRÉSIDENT.

Le hasard, madame, m'avait fourni l'occasion de pressentir
combien vous êtes digne de la première de ces deux qualifica-
tions. L'expérience vient de me prouver qu'à coup sûr, vous
ne méritez pas la seconde.

Mᵐᵉ DE CLAIRVILLE.

Je m'efforcerai, du moins, d'arriver à la perdre, et c'est de quoi M. de Clairville et moi vous prierons d'être juge.

LE PRÉSIDENT.

Quoi, madame, vous me permettriez.....

Mᵐᵉ DE CLAIRVILLE.

De venir nous voir à Clairville : nous comptons sur l'honneur de vous y recevoir.... tous, messieurs.... Ah, seulement, je vous supplie de m'y laisser auparavant achever mon apprentissage de sagesse....; quelques années suffiront pour cela.

LE PRÉSIDENT.

Allons, je le vois avec.... bonheur : votre réconciliation est complète.

BLAINVAL.

Votre procédure reste à l'état de fœtus, mon cher monsieur Dufour !

DUFOUR.

Et votre plaidoirie à l'état de mythe, mon cher monsieur Blainval !

DE CLAIRVILLE.

Qu'y faire, messieurs ? *Il faut bien vouloir ce qu'on ne peut pas empêcher !*

TROP DE ZÈLE,

ou

DE RIEN AVEC EXCÈS, DE TOUT AVEC MESURE.

—

PROVERBE DRAMATIQUE.

NOTE SUR LE DEUXIÈME PROVERBE.

—◁—

Trop de zèle ! Le titre seul de ce proverbe en fait déjà pressentir le sujet.

Les fonctions judiciaires sont, à coup sûr, du nombre de celles dont l'exercice demanderait le plus de calme et d'expérience. — Cependant, il est arrivé trop souvent qu'on a confié celles du ministère public à des jeunes gens qui avaient plus d'ardeur que de réflexion. Cela se voit même encore quelquefois. Les fonctions de substitut dans un tribunal de première instance sont le début de beaucoup d'ambitions trop hâtives, et l'impatience d'arriver plus haut y fait déployer par moment un zèle inconsidéré. A ces exemples fâcheux, la magistrature oppose heureusement, en grand nombre, ceux du savoir, de la retenue, du sang-froid, et si l'austère impassibilité de la justice peut être compromise par le désir mal dirigé de bien faire, sa dignité est ordinairement sauvée par ses grandes ressources de sagesse.

C'est sur une double circonstance de ce genre que le proverbe suivant a été composé.

PERSONNAGES.

—

LEGRAVAMY, *procureur de la république.*
SAINT-LÉGER, *substitut.*
DE VIEUXBOIS, *riche propriétaire.*
CORNILLON, *bourgeois ridicule.*
Mme CORNILLON, *sa femme.*
JOSÉJAC, *concierge du palais de justice.*

———

La scène se passe dans une petite ville de province.

TROP DE ZÈLE,

OU

DE RIEN AVEC EXCÈS, DE TOUT AVEC MESURE.

PROVERBE.

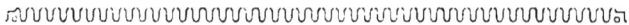

Le théâtre représente une des pièces du parquet du procureur de
la République. Porte au fond, une à droite, l'autre à gauche du
spectateur.

SCÈNE Iʳᵉ.

SAINT-LÉGER, JOSÉJAC.

(Au lever du rideau, Joséjac est occupé à mettre en ordre les meubles et papiers du
parquet. Saint-Léger entre par la porte de gauche. Il est en toge, et paraît ému
comme un jeune substitut qui vient de plaider pour la première fois.)

JOSÉJAC *(sans voir d'abord Saint-Léger).*

Nouveau venu, nouveau travail. En ai-je déjà vu ici, de ces
échappés de l'école de droit, de ces sous-lieutenants de la
magistrature! Le dernier n'est arrivé que depuis huit jours: il
me donne, à lui seul, plus d'occupation que tout le reste du
tribunal ensemble. Il est vrai que ça veut faire son chemin.
Pour aller vite.... et loin..., ça fait claquer son fouet, ça...!
Ah....! *(il aperçoit Saint-Léger.)* monsieur le substitut, j'ai
bien l'honneur d'être votre très-humble serviteur !

SAINT-LÉGER.

Bonjour, Joséjac! Il paraît que c'est à nous deux qu'est dévolue l'obligation de mettre un peu d'ordre dans les affaires du parquet.

JOSÉJAC.

A nous deux, monsieur le substitut!

SAINT-LÉGER.

Oui : à vous la partie matérielle, à moi la partie intellectuelle.

JOSÉJAC.

Mais...., sous votre bon plaisir...., monsieur le substitut..., est-ce que M. le procureur de la République n'en fait pas sa part, de cette partie intellectuelle? car je le vois diablement travailler, tout de même, et depuis longtemps!

SAINT-LÉGER.

Il travaille beaucoup, sans doute...., comme on travaillait autrefois, en faisant peu de chose; tandis qu'aujourd'hui, nous autres jeunes gens, nous faisons beaucoup....

JOSÉJAC.

En ne travaillant pas....; je comprends cela difficilement.... Du reste, puisque monsieur le substitut le dit, ce doit être incontestable.

SAINT-LÉGER.

Tenez: aidez-moi à me débarrasser de ma toge, car je sue...; j'ai une chaleur qui se conçoit...., quand on vient de débuter et de parler pendant une heure!

JOSÉJAC.

Pendant une heure, monsieur le substitut....! et vous débutiez....! et je n'ai pas été vous entendre....!

SAINT-LÉGER.

Franchement, je crois que vous y avez perdu.

JOSÉJAC.

Ah, j'ai manqué à mon devoir! je vous en demande bien pardon! Aucun de vos prédécesseurs n'aurait pu me faire le même reproche. Chaque fois qu'ils prenaient la parole...., pour la première fois...., je ne manquais pas d'y assister. M. le procureur du roi ou de la république leur choisissait d'ordinaire un procès important....

SAINT-LÉGER.

Ils ne savaient donc pas les choisir eux-mêmes?

JOSÉJAC.

Je pensais bien que vous l'auriez fait, vous, monsieur le substitut; mais je ne m'attendais pas à ce que ce fût pour aujourd'hui. L'huissier de service m'avait dit qu'il s'agissait de l'affaire des jeunes Dumoulin...., une bagatelle...., un enfantillage....

SAINT-LÉGER.

Comment, monsieur Joséjac....! une bagatelle! un enfantillage!

JOSÉJAC.

Oh ! mille excuses, monsieur le substitut, mille excuses!

SAINT-LÉGER.

Vous en parlez.... comme M. le procureur de la République.... A l'en croire même, il n'aurait pas fallu y donner suite !

JOSÉJAC.

Sans doute, on aurait eu tort: c'était grave.... très-grave....! raser le chat de la mère Sans-Merci...., en forme de chien caniche et lui pendre à la queue le portrait d'un grand personnage !

SAINT-LÉGER.

Quoique le tribunal n'ait pas eu l'air de prendre la chose plus au sérieux que le public, je suis persuadé qu'il réprimera sévèrement cette infraction à l'ordre, et qu'il condamnera les coupables.

JOSÉJAC.

A trois ans d'emprisonnement.... au moins !

SAINT-LÉGER.

Ce serait trop...., ce serait dépasser le maximum.... de beaucoup.... Ma tâche est finie, au surplus. Comme le ministère public est indivisible, M. Legravamy s'est chargé de répondre au défenseur des prévenus, et m'a engagé à venir me reposer au parquet.

JOSÉJAC.

Oui : M. le procureur de la République a l'habitude de compléter.... souvent.... ce que font ses substituts.

SAINT-LÉGER.

Ah! l'on ne veut pas qu'il soit dit qu'un autre...., qu'un subalterne...., un jeune homme....

JOSÉJAC.

En sache autant qu'un ancien.... Oh! c'est cela! Ils auront beau faire, les anciens, ils n'empêcheront pas les nouveaux.... de devenir.... des anciens à leur tour.

SAINT-LÉGER.

Joséjac, parlons d'autre chose.

JOSÉJAC.

A vos ordres, monsieur le substitut.

SAINT-LÉGER.

Je me suis fié à votre exactitude, qui est sans égale, à ce qu'on assure dans le pays. Vous avez remis vous-même ma lettre à la jeune personne dont les fenêtres sont vis-à-vis les miennes?

JOSÉJAC.

Je ne sais si la personne est jeune ou vieille, attendu qu'elle avait la tête enveloppée d'un capuchon.

SAINT-LÉGER.

D'un cache-tout, voulez-vous dire?

JOSÉJAC.

D'un cache-tout, soit: mais je lui ai remis la lettre, parce qu'elle accourait au-devant de moi; qu'elle m'a demandé si je n'en avais pas une pour elle; et comme, au lieu d'adresse, il n'y avait que des indications....

SAINT-LÉGER.

La prudence le voulait; mais avant d'envoyer mon écrit, je l'avais montré de l'intérieur de mon appartement en faisant voir par signe que j'allais l'expédier; il est naturel que l'on soit venu au-devant de vous pour le recevoir. Vous avez bien fait de le donner.... On affirme encore, Joséjac, que l'on peut compter sur votre discrétion?

JOSÉJAC.

Monsieur le substitut, il y a vingt-cinq ans que j'ai l'honneur d'être le concierge du palais de justice!

SAINT-LÉGER.

Eh bien! mon cher concierge, s'il y a dans l'antichambre quelqu'un qui veuille parler.... au procureur de la République, vous pouvez l'introduire.... Je suis prêt à lui donner audience.

JOSÉJAC.

Ah! mon Dieu, il n'y a que la pratique habituelle du parquet, ce monsieur Cornillon que M. le procureur de la République a mis si souvent à la porte.... Aussi ne demande-t-il plus à voir que M. le substitut.

SAINT-LÉGER.

Monsieur le substitut! Il devrait savoir que, dans l'exercice de ses fonctions, le substitut est toujours le procureur de la république.... N'importe; c'est un homme qui fournit d'utiles renseignements. Il a, d'ailleurs, une affaire particulière.... Dites-lui d'entrer.... Et.... (Il lui fait signe de s'éloigner.)

JOSÉJAC (en s'inclinant profondément).

Je sais, monsieur le substitut, à quoi mon devoir m'oblige. Il y a vingt-cinq ans.... (Saint-Léger lui fait un geste plus impératif. Joséjac sort avant d'achever sa phrase.)

SCÈNE II.

SAINT-LÉGER, CORNILLON.

(Saint-Léger est assis à son bureau. Cornillon entre en faisant beaucoup de salutations. Saint-Léger le reçoit sans se déranger.)

CORNILLON.

Grâce à Dieu, monsieur le substitut, j'ai enfin l'honneur d'être admis auprès de vous, et je puis vous entretenir sans témoins.

SAINT-LÉGER.

Avez-vous du nouveau à m'apprendre?

CORNILLON.

Du tout nouveau, monsieur, du tout nouveau!

SAINT-LÉGER.

Vos découvertes sont-elles bonnes?

3

CORNILLON.

Excellentes.

SAINT-LÉGER.

Eh bien?

CORNILLON.

Je n'en puis plus douter; j'en ai la preuve certaine.... la preuve écrite.... Je suis, monsieur, je suis....

SAINT-LÉGER.

Quoi?

CORNILLON.

Comment! vous ne devinez pas?

SAINT-LÉGER.

Pas encore.

CORNILLON (*il lui présente une lettre*).

Lisez donc.

SAINT-LÉGER (*lit*).

« J'ai reçu et déposé sur mon cœur votre adorable lettre.
« Mes regards ne vous ont-ils pas déjà dit que vous pouviez
« tout oser? Ah! quoi que vous puissiez entreprendre, rien ne
« répondra assez à l'amour de   LUCRÈCE. »

Et quelle est cette Lucrèce?

CORNILLON.

C'est ma femme, monsieur; c'est ma femme!

SAINT-LÉGER.

Ah! je comprends.

CORNILLON.

Comme je vous l'ai déjà dit, il y a vingt ans que je suis marié. Il y a vingt ans que Mme Cornillon ne veut pas se contenter de mon amour, qui est cependant toujours le même : tendre, soumis, respectueux.... trop respectueux peut-être. Elle court après d'autres adorations.... Il est vrai qu'elle en a rencontré fort peu d'autres.... Mais je veux la forcer enfin à ne s'adresser qu'aux miennes. Il faut que vous me secondiez dans mes projets, monsieur le substitut.

SAINT-LÉGER.

Eh bien! que puis-je faire?

CORNILLON.

Ce qu'un bon substitut... comme vous, peut faire pour un pauvre mari comme moi.

SAINT-LÉGER (*impatienté*).

Je sais de reste que je suis substitut.

CORNILLON.

Ah! pardon.... monsieur.... l'avocat de la république.

SAINT-LÉGER.

L'expression n'est pas encore consacrée par l'usage; cela viendra.... Mais, au fait, expliquez-vous plus clairement. Vous êtes venu une première fois pour porter plainte contre votre femme; vous ne me parliez que des agaceries qu'elle adresse aux hommes qui lui plaisent: je ne trouvais pas assez de gravité dans cette imputation. Cette fois-ci, c'est différent.

CORNILLON.

Et suffisant, n'est-il pas vrai?

SAINT-LÉGER.

Sans doute.

CORNILLON.

Je pourrai faire condamner ma femme à ne plus aimer que moi?

SAINT-LÉGER.

Ou la faire punir, du moins, pour en avoir aimé d'autres. La peine peut être portée jusqu'à deux ans d'emprisonnement.

CORNILLON.

Oh....! mais vous me l'avez dit, je serai maître d'arrêter l'effet de cette condamnation, en reprenant ma femme. Je l'arrêterai, monsieur; je l'arrêterai; et la reconnaissance fera alors, je l'espère, sur l'esprit de ma chère Lucrèce, ce que n'a pas fait, jusqu'à présent, tout mon amour.

SAINT-LÉGER.

Vous êtes donc bien décidé à signer une plainte contre Mᵐᵉ Cornillon?

CORNILLON.

Oui, monsieur.

SAINT-LÉGER.

Et contre son complice?

CORNILLON.

Oui, monsieur.

SAINT-LÉGER.

Son nom?

CORNILLON.

Agnès-Virginie-Innocente-Lucrèce.

SAINT-LÉGER.

Je vous demande le nom du complice.

CORNILLON.

Du complice....? Ah, monsieur, je ne le connais pas.

SAINT-LÉGER.

Bah !

CORNILLON.

J'ai surpris cette lettre avant que l'adresse y fût.

SAINT-LÉGER.

On n'en met pas, il est vrai, pour certaines correspondances.

CORNILLON.

Et j'ai dû me hâter, avant que ma femme ne me surprît moi-même.

SAINT-LÉGER.

Allons, nous tâcherons de le découvrir, ce complice.... Signez.

CORNILLON *(signant)*.

De tout mon cœur.... Voilà la première fois qu'une de mes dénonciations est accueillie.

SAINT-LÉGER *(se levant)*.

Et votre plainte sera soutenue avec toute la chaleur que réclament la morale outragée et le respect que chacun doit aux saints nœuds de l'union conjugale. C'est moi qui m'en charge. *(Il sonne. Joséjac paraît.)*

SCÈNE III.

LES PRÉCÉDENTS, JOSÉJAC.

SAINT-LÉGER *(remettant des papiers à Joséjac)*.

A M. le juge d'instruction... sur-le-champ... Cette plainte... et mon réquisitoire.

JOSÉJAC.

Il vient précisément d'entrer dans son cabinet.

CORNILLON *(à Joséjac).*

Dépéchez-vous, l'ami.... Diable, si j'allais rentrer chez moi avant que Mme Cornillon en fût sortie.

JOSÉJAC *(à Cornillon, en se redressant).*

Monsieur....! Il y a vingt-cinq ans que j'ai l'honneur d'être concierge du palais de justice...! *(Apart.)* Ah! si M. le procureur de la république était ici, ce monsieur Cornillon n'y serait pas!

SAINT-LÉGER.

Que dites-vous?

JOSÉJAC.

Je dis que j'y cours..... *(S'inclinant profondément.)* Monsieur le procureur de la république! *(Il sort.)*

SCÈNE IV.

SAINT-LÉGER, CORNILLON.

CORNILLON.

Je crois qu'il a dit, au contraire, que si M. le procureur de la république était ici, je n'y serais pas, moi.

SAINT-LÉGER.

Il a dit cela !

CORNILLON.

C'est qu'en effet, monsieur Legravamy ne fait aucun cas de mes avis, quand je veux appeler son attention sur des faits qui intéressent l'ordre public. Il m'a dit cent fois que je n'étais qu'un visionnaire.

SAINT-LÉGER.

Un visionnaire peut parfois éclairer la justice.

CORNILLON.

Vous sentez que cela refroidit le zèle de ceux qui voudraient venir en aide à l'autorité.

SAINT-LÉGER.

Le zèle, quand il est vrai, ne se refroidit jamais, et ne recule devant aucune considération.

CORNILLON.

On a si souvent méconnu la sincérité du mien et son utilité....

SAINT-LÉGER.

On ne le méconnaîtra plus dans ce parquet, à présent que je m'y trouve.

CORNILLON.

Aussi, vous ai-je déjà fait une ouverture, hier ; mais c'est à peine si j'ose compléter, aujourd'hui, mes renseignements sur cet homme dangereux, dont le château est devenu, depuis longtemps, le rendez-vous de tous les conspirateurs.

SAINT-LÉGER.

Vous m'avez parlé de lui avec détail ; mais vous vouliez y réfléchir ; vous ne me l'avez pas encore nommé.

CORNILLON.

Vos bontés pour moi, à propos de ma femme, viennent de m'en faire un devoir.

SAINT-LÉGER.

C'est donc....

CORNILLON.

Le baron de Vieuxbois.

SAINT-LÉGER.

Ce nom ne m'est pas entièrement inconnu. Nouvellement arrivé ici, je ne puis me rappeler dans quelle circonstance je l'ai entendu prononcer.

CORNILLON.

Sous prétexte de parties de chasse et de bonne chère, il rassemble chez lui fréquemment tout ce que certaines gens sont convenus d'appeler la bonne société.

SAINT-LÉGER.

Oui : c'est ainsi que l'on désigne quelquefois les mécontents de haut parage.

CORNILLON.

On dit bien qu'il accueille chez lui tout le monde, sans acception d'opinions politiques.

SAINT-LÉGER.

C'est pour mieux tromper la vigilance des autorités. Vous a-t-il invité à ses réunions ?

CORNILLON.

Non, certes, monsieur.... l'avocat de la république.... pas même Mme Cornillon.

SAINT-LÉGER.

Alors, vous n'avez pas pu observer ce qui s'y passe?

CORNILLON.

A quoi bon? Ce n'est plus un secret que pour la justice. Aussi, chacun trouve que pour cela, elle ne se contente pas d'être aveugle.

SAINT-LÉGER.

Elle aura des yeux et des oreilles, monsieur, et, s'il le faut, une main qui ne tremblera pas.

CORNILLON.

Eh bien ! l'occasion est admirable. M. de Vieuxbois est à la ville depuis peu. Il n'y fait ordinairement que de courtes apparitions. Lancez sur lui cette main inexorable de la justice : faites-le arrêter.

SAINT-LÉGER.

Ah ! c'est différent : on ne procède pas avec les personnes de la bonne société comme on le ferait avec un conspirateur vulgaire. Il y a des ménagements à garder avec elles.... par convenance...., par prudence même.

CORNILLON.

Il n'y aurait cependant pas de temps à perdre, car, pour peu qu'il soit prévenu de vos intentions, il vous échappera certainement.

SAINT-LÉGER.

Nous avons un moyen terme à prendre, un parti qui, au besoin, nous garantira peut-être de l'avenir. Je vais le mander venir à l'instant au parquet. Pressé par mes questions et pris à l'improviste, il se décèlera sans doute. Mais comment lui faire tenir ma lettre?

CORNILLON.

Je m'en charge.

SAINT-LÉGER *(il se hâte d'écrire).*

A vous donc l'honneur de m'aider dans cette délicate entreprise. Si, comme je l'espère, elle réussit, avant peu, mon cher monsieur Cornillon, j'aurai le plaisir de vous recevoir au parquet de la cour.... *(Il lui remet un papier plié, et lui dit en prenant une pose superbe :)* Allez....! *(Cornillon sort en saluant à plusieurs reprises.)*

SCÈNE V.

SAINT-LÉGER *seul.*

Non, certes, je ne veux pas végéter dans les honneurs obscurs d'un tribunal de première instance. Mon ambition se justifiera par un zèle à toute épreuve ; et l'amour, oui, l'amour secondera mon ambition, car, à nous autres, magistrats, il n'est pas permis d'aimer différemment.... Mlle d'Herbilly tient, dit-on, à une famille en crédit....; elle a de la fortune....; à la soirée du sous-préfet, mes hommages ne lui ont pas déplu....; mes regards font peu détourner les siens, quand elle est à sa fenêtre....; elle a reçu ma lettre, enfin.... Allons, Saint-Léger, mon ami, la pourpre et l'hermine ne tarderont pas à garnir ta simarre !

SCÈNE VI.

SAINT-LÉGER, LEGRAVAMY.

SAINT-LÉGER.

L'audience est déjà levée?

LEGRAVAMY.

Depuis quelque temps. Je suis resté à causer un instant avec messieurs du tribunal.

SAINT-LÉGER.

Et nos prévenus ont été sans doute....

LEGRAVAMY.

Acquittés.

SAINT-LÉGER *(stupéfait.)*

Acquittés !

LEGRAVAMY.

Oui : j'ai concédé tout ce que l'article 463 pouvait avoir d'étendue. Il m'eût été agréable.... pour vous.... d'obtenir la plus légère des condamnations.... puisqu'enfin vous aviez introduit et soutenu le procès, et que ces jeunes gens avaient, en effet, quelques torts.

SAINT-LÉGER.

Et le tribunal....

LEGRAVAMY.

A unanimement voulu le contraire.

SAINT-LÉGER.

Quel début pour moi !

LEGRAVAMY.

Je l'avais prévu.... vous avez insisté.... J'ai dû vous épargner au moins une partie de l'échec. C'est pour cela que je me suis chargé des répliques, et que je vous ai engagé à quitter l'audience.

SAINT-LÉGER.

Mais vous appellerez, monsieur le procureur de la république?

M. LEGRAVAMY.

Non, mon cher collègue.... non.... Nous n'appellerons pas.... C'est assez d'une leçon pour nous.... Dans une affaire, il ne faut pas prodiguer son zèle au préjudice de la prudence et même de la justice....

SAINT-LÉGER.

A tout événement, lorsque le zèle est sincère ?

LEGRAVAMY.

On en tient compte, c'est vrai.... On le récompense même quelquefois au-delà de ce qu'il conviendrait de faire, malgré le mot célèbre d'un diplomate fameux : « Pas de zèle, monsieur, surtout pas de zèle. »

SAINT-LÉGER.

Ce diplomate pourtant ne manqua pas d'en déployer beaucoup.... et de plus d'un genre.... de ce zèle qu'il comprimait chez les autres ; et je crois, monsieur Legravamy, que si le vôtre s'était produit avec autant de coin que vos bonnes intentions et vos talents se sont montrés avec éclat, votre avancement aurait pu y gagner.

LEGRAVAMY.

Et ma considération y perdre quelque chose : permettez que je vous le dise, mon jeune ami, sans accepter ce que vos éloges ont d'exagéré. J'ajouterai que si l'on m'a laissé vingt ans dans la même position , on m'y a laissé aussi lorsqu'il n'était pas nécessaire d'avoir des motifs pour me l'enlever.

SAINT-LÉGER.

Ah ! que je serais heureux, si j'avais trouvé le moyen de vous faire rendre justice enfin !

LEGRAVAMY.

Je m'abandonne entièrement à la bienveillance de nos supérieurs.

SAINT-LÉGER.

Mais il faut leur fournir les occasions de s'exercer.... et j'en ai une magnifique !

LEGRAVAMY.

Vraiment !

SAINT-LÉGER.

La découverte d'une conspiration !

LEGRAVAMY.

Oh ! oh !

SAINT-LÉGER.

Un des hommes les plus puissants de ce pays en rassemble dans son château tous les mécontents. On le dit en relations secrètes avec le plus redoutable des prétendants à la couronne de France. Ses intrigues sont si publiques, que l'on fait à la justice le reproche de ne les avoir pas encore réprimées. Mais, tout en conservant à l'égard de ce personnage les ménagements que commande sa position dans le monde, je me suis empressé d'aviser aux moyens de déjouer ses projets. Je l'ai mandé venir au parquet.

LEGRAVAMY.

Alors vous savez son nom ?

SAINT-LÉGER.

Le baron de Vieuxbois.

LEGRAVAMY *(riant)*.

Ah ! mon cher substitut, la plaisanterie est un peu forte : celui qui vous a révélé ce terrible complot en a formé un apparemment contre le mariage auquel vous semblez si vivement aspirer, et dont vous m'entreteniez ce matin au nombre de vos rêves.... de vos espérances, veux-je dire.... avant d'aller à l'audience.

SAINT-LÉGER.

Comment cela ?

LEGRAVAMY.

M. de Vieuxbois n'est ni plus ni moins que l'oncle de Mlle d'Herbilly, celui de qui elle attend une fort belle fortune. Le pouvoir, quel qu'il soit, ne trouve pas en lui, à coup sûr, un courtisan assidu ; mais sous un pouvoir quelconque, la parfaite loyauté de son caractère, son respect pour l'ordre et les lois, sa haute position, son influence dans ce pays, lui assureraient certainement, s'il le voulait, le plus éminent crédit.

SAINT-LÉGER.

J'ai peut-être agi avec précipitation. Comment y porter remède ?

LEGRAVAMY.

Prenons un moment de réflexion, mais empêchons qu'il ne se rende au parquet. J'irai le trouver chez Mme d'Herbilly, où il doit être descendu. Convenons d'avance de ce que j'aurai à lui dire.

SAINT-LÉGER.

Ah ! monsieur, que d'obligations ne vous aurai-je pas ? Mais, comme vous, je conçois qu'il faut méditer, arrêter un plan, et que l'essentiel est de prévenir son arrivée ici.

SCÈNE VII.

LES PRÉCÉDENTS, JOSÉJAC.

JOSÉJAC.

M. de Vieuxbois se rend, dit-il, aux ordres de M. le procureur de la république.

SAINT-LÉGER *(avec précipitation)*.

M. Legravamy est très-occupé dans ce moment.

LEGRAVAMY *(de même)*.

Comment! pas du tout.... Je suis heureux et flatté de son empressement.... *(Joséjac sort)*.

SCÈNE VIII.

SAINT-LÉGER, LEGRAVAMY.

SAINT-LÉGER.

Mais.... monsieur !

LEGRAVAMY.

Permettez, mon cher collègue, que j'assume sur moi la responsabilité de l'entretien.

SCÈNE IX.

LES PRÉCÉDENTS, DE VIEUXBOIS.

DE VIEUXBOIS *(à Legravamy)*.

Je ne pensais pas vous trouver ici, mon cher ami ; ce n'est donc pas une mystification qui m'a été faite? mais de qui émane le singulier message que je viens de recevoir?

LEGRAVAMY.

De M. de Saint-Léger, mon substitut, que j'ai l'honneur de vous présenter.

DE VIEUXBOIS.

Le nom de monsieur est venu jusqu'à moi.... depuis peu cependant.... et je ne m'attendais pas, je l'avoue, à faire sa connaissance... au parquet.

LEGRAVAMY.

Ne voyez dans.... la singularité de son invitation qu'une preuve de sa.... bien légitime impatience.

SAINT-LÉGER.

Certainement, monsieur...., je....

LEGRAVAMY.

Vous permettez, mon cher ami, que ce soit moi qui me charge des explications, et que M. de Saint-Léger achève de donner au secrétaire du parquet quelques instructions dont il a besoin.

SAINT-LÉGER *(à part).*

Allons, je m'abandonne à mon étoile ! *(Il sort.)*

SCÈNE X.

LEGRAVAMY, DE VIEUXBOIS.

DE VIEUXBOIS.

Je crois deviner quelque chose à ce mystère.... Un mot de ma nièce et de sa mère....

LEGRAVAMY.

Vous ont mis sur la voie.... Mon jeune substitut n'a pu voir mademoiselle d'Herbilly....

DE VIEUXBOIS.

Sans la trouver aimable.... je le conçois.... et il la voit assez souvent.... car ils demeurent en face l'un de l'autre.... : M. de Saint-Léger un peu plus bas, ma nièce un peu plus haut. Ce qui fait que lui lève les yeux assez souvent.... et qu'elle peut tenir les siens toujours baissés.

LEGRAVAMY.

Et vous ne leur en faites pas précisément un crime.

DE VIEUXBOIS.

Vous savez bien que je ne pousse pas le rigorisme à ce point. Je redoute cependant, pour ma nièce, le voisinage d'une vieille folle, qui demeure dans la même maison...., à l'étage correspondant à celui habité par M. de Saint-Léger.

LEGRAVAMY.

Mme Cornillon ! ne craignez pas qu'un tel exemple soit contagieux. Mlle d'Herbilly est à l'âge où l'on plaît sans provocation...., tandis que sa voisine est à l'âge....

DE VIEUXBOIS.

Où l'on provoquerait inutilement.... Nous en savons quelque chose, mon cher procureur.... de la république.... Votre jeune substitut n'en est pas là...; il a vu Eugénie...; il lui a parlé même à la soirée du sous-préfet.... Elle lui a plu.... Il aspire à sa main.

LEGRAVAMY.

Et m'a prié de vous entretenir de ses intentions.... Dans son impatience, il n'a pas vu toute l'étrangeté qu'il y aurait à vous faire venir au parquet pour cela.

DE VIEUXBOIS.

Cette démarche n'atteste pas, il est vrai, une grande expérience.

LEGRAVAMY.

Oh....! ce n'est pas par là qu'il se fait remarquer....! Mais son éducation, son caractère, sa naissance, sa fortune sont des titres dont je puis être garant.

DE VIEUXBOIS.

Y ajouterez-vous ses mœurs?

LEGRAVAMY.

Mon vieil ami....!

DE VIEUXBOIS.

Pardon, c'est vous qui me le présentez, avons-nous besoin d'une autre assurance?

SCÈNE XI.

LES PRÉCÉDENTS, Mme CORNILLON, JOSÉJAC.

JOSÉJAC (suivant Mme Cornillon).

Madame, j'ai l'honneur de vous répéter que ce n'est point ici le cabinet de M. le juge d'instruction.

Mme CORNILLON.

Concierge....! Me prenez-vous pour novice.... au point de ne savoir pas lire?

DE VIEUXBOIS.

Personne, madame, ne vous fera cette injure.

Mᵐᵉ CORNILLON.

J'ai bien lu au-dessus de cette porte le mot *parquet*.... Les caractères en sont assez gros....

JOSÉJAC.

Pour vous dispenser de prendre vos lunettes.

Mᵐᵉ CORNILLON.

Je ne me sers jamais que de jumelles, entendez-vous, concierge?

JOSÉJAC *(à part).*

Ses jumelles...., ça irait joliment sur le nez de quelqu'un.

LEGRAVAMY.

C'est donc au procureur de la république que madame en veut? Je croyais que M. Cornillon seul....

Mᵐᵉ CORNILLON.

Pouvait trouver de l'agrément à l'importuner de ses rêveries. Vous ne vous êtes pas trompé, et je laisse à mon mari le plaisir de dire au procureur de la république tout ce que bon lui semblera. Quant à moi, c'est à son substitut que je veux parler.

JOSÉJAC.

Au substitut du procureur....

Mᵐᵉ CORNILLON.

Au substitut de qui voudriez-vous que ce fût, imbécile!

SCÈNE XII.

LES PRÉCÉDENTS, SAINT-LÉGER.

LEGRAVAMY.

Eh bien, madame, voici M. de Saint-Léger.

Mᵐᵉ CORNILLON *(soupirant).*

Ah! certes, je le connais assez pour qu'il n'ait pas besoin de présentation auprès de moi.

LEGRAVAMY ET DE VIEUXBOIS.

Elle le connaît!

SAINT-LÉGER.

Vous me connaissez, madame....! C'est à peine si je puis avoir cet honneur-là à votre égard. Aux explications de M. Cornillon, je crois cependant....

Mme CORNILLON.

Qu'il est mon mari...., hélas!

SAINT-LÉGER.

Il est vrai qu'il ne s'en applaudit pas toujours.

Mme CORNILLON (regardant avec passion Saint-Léger).

A qui la faute, monsieur?

SAINT-LÉGER.

Il vous en impute à vous de bien graves : la plainte qu'il a portée en fait foi (Montrant la lettre que lui a remise Cornillon), et cette pièce de conviction déposée entre mes mains est une preuve accablante.

Mme CORNILLON.

Une pièce de conviction!

SAINT-LÉGER.

Voyez, madame.

Mme CORNILLON.

Ma lettre....! et c'est mon mari qui s'est chargé de vous la donner!

SAINT-LÉGER.

Il vous accuse de relations criminelles.

Mme CORNILLON.

Criminelles....! Ah....! sait-il pour qui mon cœur....

SAINT-LÉGER.

Son complice lui est encore inconnu.

Mme CORNILLON.

Et à vous, monsieur?

SAINT-LÉGER.

Certes, je dois l'ignorer également.

Mme CORNILLON.

Vous le devez...! Bien...., bien...., votre discrétion prouve une délicatesse de sentiments à laquelle je m'attendais.

SAINT-LÉGER *(au comble de la surprise).*

Que voulez-vous dire...., madame?

ÐE VIEUXBOIS.

Cela se devine, il me semble.... *(A Legravamy, qu'il veut emmener.)* Il me semble également que nous sommes de trop ici.

SAINT-LÉGER *(les ramenant l'un et l'autre).*

Ah! de grâce, messieurs....

Mᵐᵉ CORNILLON *(avec exaltation).*

Le plus grand génie du siècle...., Georges Sand...., l'a proclamé dans ses écrits. Le sublime du sentiment chez une femme, c'est de publier celui qui s'est emparé de toutes les facultés de son âme...., c'est de l'avouer, au mépris du barbare enchaînement des mœurs et des lois...! Dût, donc, la législation ne pas accomplir ce que nous sommes en droit d'en attendre ! dût le saint affranchissement du divorce ne pas briser mes odieuses entraves.... je vous dégage d'une vaine retenue.... *(saisissant la main de Saint-Léger)*, et la première, je déclare que nous sommes unis l'un à l'autre par les liens du plus pur amour!

SCÈNE XIII.

LES PRÉCÉDENTS, CORNILLON.

CORNILLON *(qui a entendu la dernière phrase).*

Doutera-t-on maintenant que je ne sois.... fondé dans ma plainte?

SAINT-LÉGER *(surexcité à son tour).*

Mais, madame, vous êtes cent fois....... mille fois folle...... Je le vois bien, maintenant, l'action que votre mari devrait diriger contre vous était une action en interdiction. Moi, je serais amoureux d'une femme comme vous !

Mᵐᵉ CORNILLON.

D'une femme comme moi !

SAINT-LÉGER.

Vous n'avez donc jamais lu votre acte de naissance, et ne vous êtes jamais regardée dans un miroir !

4

Mme CORNILLON.

Monsieur !

SAINT-LÉGER.

Ah ! comme vous m'accusez de la plus sotte action que j'eusse commise en ma vie, il faut bien que je me défende à mon tour. Certes, j'y suis intéressé.... *(montrant Legravamy)....* en présence de mon chef, et.... *(montrant de Vieuxbois)....* en présence de monsieur.... Pour m'imputer cette extravagance, pour me rendre ridicule à ce point, je vous demanderai aussi si vous avez quelques preuves à fournir ?

Mme CORNILLON.

Quoi ! tous ces soupirs poussés à votre fenêtre, tous ces regards langoureux....

SAINT-LÉGER.

Vous les avez pris pour vous !

Mme CORNILLON.

Ingrat ! ces preuves-là n'étaient pas suffisantes ! Il m'en faut d'autres..... *(elle sort une lettre)* Tiens..... je t'en abandonne une que tu ne récuserais pas peut-être, mais que ta perfidie me rend désormais inutile.

CORNILLON *(il s'avance et saisit la lettre).*

Elle ne le sera pas pour moi !

SAINT-LÉGER.

Bien ! Vous y trouverez sans doute l'indication de ce complice que vous ne connaissiez pas.

CORNILLON *(après avoir lu la lettre il la présente à Legravamy).*

Et je le livre, moi, à M. le procureur de la république.

SAINT-LÉGER.

Quel est-il, enfin ?

LEGRAVAMY.

C'est vous.... monsieur de Saint-Léger.

SAINT-LÉGER.

Moi ?

DE VIEUXBOIS.

Lui ?

SAINT-LÉGER.

C'est un faux, assurément...! *(à Legravamy)* et.... personne, monsieur, ne m'empêchera de le poursuivre avec toute la rigueur des lois.

LEGRAVAMY..

Oui…, j'aime à croire que c'est là un faux, car l'expérience m'a prouvé depuis longtemps que l'accusation la plus légère ne doit elle-même être soutenue qu'avec la plus grande circonspection. Mais vous allez en juger : votre écriture est imitée au moins avec une rare perfection.

JOSÉJAC.

Ah! mon Dieu, je crains bien que ce ne soit celle de M. le substitut!

SAINT-LÉGER.

Comment, vous aussi!

JOSÉJAC.

Je crains même d'être un second complice.

CORNILLON.

Ah! par exemple!

Mme CORNILLON.

C'est vrai!

CORNILLON.

Comment, c'est vrai… Lucrèce!

Mme CORNILLON.

C'est lui qui m'a remis cette lettre.

JOSÉJAC.

C'est plutôt vous qui me l'avez prise, en m'assurant que vous l'attendiez et qu'elle vous était destinée. Encore aviez-vous eu soin de vous déguiser, sans quoi….! On m'avait dit qu'elle était pour une jeune personne.

Mme CORNILLON.

Eh bien…!

SAINT-LÉGER.

Je respire enfin… *(à de Vieuxbois)*, et pour achever ma justification, c'est auprès de vous, monsieur, que je suis obligé de m'accuser moi-même à présent. Cette lettre, je l'avoue, était pour Mlle d'Herbilly.

DE VIEUXBOIS.

Pour ma nièce…! *(Legravamy lui présente la lettre; après y avoir jeté les yeux, il dit avec gravité)*… C'est une faute, monsieur, que de l'avoir écrite.

SAINT-LÉGER.

Ah ! je ne le sens que trop !

DE VIEUXBOIS (*avec bonté et en tendant la main à Saint-Léger*).

D'autant plus que l'écrit n'est pas parvenu à son adresse... Mais je m'en charge, et je tâcherai de réparer...

SAINT-LÉGER (*vivement*).

La sottise de Joséjac !

LEGRAVAMY (*tendant la main aussi à Saint-Léger*).

Non..., son trop de précipitation à bien faire.

SAINT-LÉGER.

C'est vrai, encore une leçon ; mais celles de votre expérience et de votre amitié ne seront pas perdues pour moi... (*se tournant vers Mme Cornillon*)... Vous le voyez, madame.

Mme CORNILLON.

Je vois, monsieur, que vous êtes un monstre..., et puisque votre indifférence me réduit à cette cruelle nécessité..., je vais désormais essayer... d'aimer mon mari... Oui, monsieur Cornillon... il faut bien qu'à mon tour je tende la main à quelqu'un... Voilà la mienne... j'exaucerai votre vœu de tous les jours... depuis celui de notre mariage... je...

CORNILLON.

Ah ! chère amie, je n'en veux pas savoir davantage.... Et puisque j'en ai le droit, monsieur le procureur de la république, monsieur le substitut, j'arrête les effets de ma plainte contre ma femme...., j'arrête au besoin ceux....(*Il regarde de Vieuxbois*).

LEGRAVAMY.

De toute autre dénonciation, n'est-ce pas ? Vous savez depuis longtemps que je les pèse avant d'y donner suite. Si la magistrature doit faire preuve de vigilance et d'activité, elle doit se garder aussi d'un zèle sans bornes, et comme tout le monde, se rappeler le proverbe :

De rien avec excès, de tout avec mesure.

CANDIDATURES,

ou

A COMPTER SANS SON HOTE, IL FAUT COMPTER DEUX FOIS.

———

PROVERBE DRAMATIQUE.

NOTE SUR LE TROISIÈME PROVERBE.

———◇———

Il existe entre la magistrature et les membres du barreau une ligne de démarcation assez générale, mais plus ou moins prononcée, suivant les localités. Elle se justifie dans ce qui tient aux rapports de service; mais elle est regrettable dans la part que la vanité y prend trop souvent. Il serait si naturel que les relations de société et d'intimité même se maintinssent entre personnes dont l'origine, l'éducation et l'instruction commune ou spéciale sont si ordinairement semblables....! Cependant de choquantes prétentions se manifestent dans bien des circonstances. Elles apparaissent aussi entre les différentes catégories dont la magistrature se compose; et comme l'intérêt domine tout dans ce monde, même l'amour-propre, il résulte quelquefois, des conflits de l'amour-propre et de l'intérêt dans ces diverses classes de personnes, des scènes qui méritent l'attention de l'observateur.

C'est une de ces scènes qui est exposée dans le proverbe intitulé : CANDIDATURES.

PERSONNAGES.

—

DESMARETS, *juge.*
LOMBARD, *avoué.*
Mme LOMBARD.
CLÉMENCE, *leur fille.*
FIRMIN, *avocat.*

———

La scène se passe dans un chef-lieu de département.

CANDIDATURES,

ou

A COMPTER SANS SON HOTE, IL FAUT COMPTER DEUX FOIS.

PROVERBE.

Le théâtre représente un salon.

SCÈNE Ire.

LOMBARD, Mme LOMBARD.

LOMBARD.

Comment! ma chère Antoinette, j'ai incomparablement la première clientelle du pays, et toi, tu ne veux pas avoir assez de confiance en moi pour m'abandonner la direction de cette affaire?

Mme LOMBARD.

Non, monsieur. Je dirai comme tout le monde, et plus que personne, sans doute, que vous êtes un excellent avoué; mais, pour son bonheur et pour le nôtre, j'entends marier ma fille à mon gré.

LOMBARD.

Permets-moi, au moins, de t'adresser mes observations, et ne te fâche pas.

Mme LOMBARD.

Je ne me fâche pas le moins du monde.

LOMBARD.

Tu ne te fâches pas! Eh! depuis le commencement de notre conversation, tu ne cesses de me dire *vous* et *monsieur!*

Mme LOMBARD.

Cela prouve-t-il que je me fâche?

LOMBARD.

C'est toujours comme cela que tu me l'as prouvé jusqu'à présent.

Mme LOMBARD.

Parce que, jusqu'à présent, je vous disais habituellement *toi* et *Lombard*. Toi et Lombard...! comme c'est gracieux...! Et vous voudriez que cela se continuât!

LOMBARD.

Pourquoi non?

Mme LOMBARD.

Parce que vous avez gagné assez d'argent pour être devenu un homme comme il faut.

LOMBARD.

Ah! c'est pour nous mettre à l'unisson des autres! C'est différent : tu n'as qu'à m'avertir.

Mme LOMBARD.

Il faut donc que je vous avertisse de tout? et, par exemple, de ne plus me gratifier du joli nom d'Antoinette?

LOMBARD.

N'est-ce pas le tien?

Mme LOMBARD.

Ne m'avez-vous pas admise à l'honneur de porter le vôtre, monsieur?

LOMBARD.

C'est juste. Eh bien, madame Lombard... tu sais... vous savez... oui... vous savez combien je suis inébranlable dans mes résolutions! J'aviserai désormais à l'accomplissement intégral de toutes ces formalités.

Mme LOMBARD.

Et à réserver, je vous prie, pour votre étude ou pour l'audience votre jargon de procédure.

LOMBARD.

Oh ! quant à cela, vois-tu... *(Mme Lombard lui fait un geste. Il reprend vivement)*... Voyez-vous, l'habitude est si forte et si bonne, que je ne puis pas te... vous promettre de la perdre.

Mme LOMBARD.

Et qu'a-t-elle de si bon, cette habitude?

LOMBARD.

Elle est pour moi le résultat d'un calcul et le fruit d'une longue observation. Dieu préserve l'avoué qui veut réussir dans son état de prouver qu'il est capable d'autre chose !

Mme LOMBARD.

Je m'en rapporte à votre expérience sur ce point, à condition que vous admettrez quelques exceptions, suivant les circonstances; ainsi, vous vous retiendrez bien, je l'espère, devant Mme Desmarets? J'attends sa visite aujourd'hui : elle m'est annoncée.

LOMBARD.

Ce ne serait pas la première fois que vous l'auriez vainement espérée.

Mme LOMBARD.

Au point où en sont les choses, il serait impossible qu'elle y manquât.

LOMBARD.

Vous voilà revenue à vos moutons, madame Lombard. Décidément, vous voulez faire entrer votre fille dans la magistrature ?

Mme LOMBARD.

Et vous préférez pour elle les honneurs de la basoche?

LOMBARD.

Mais.... vous y avez reçu le jour, ma chère amie ! votre père était avoué.

Mme LOMBARD.

Et mon mari lui a succédé! Il me semble que c'est bien assez de deux générations !

LOMBARD.

Il me semble au contraire, à moi, que le jeune Firmin représenterait très-convenablement la troisième.

Mme LOMBARD.

Etes-vous certain, d'abord, qu'il y consentit? Il marque déjà au barreau, et MM. les avocats regardent les avoués comme bien au-dessous d'eux.

LOMBARD.

Les avocats sont bien obligés cependant de se baisser jusqu'aux avoués pour en avoir quelque chose. Je crois, d'ailleurs, à Firmin trop de bon sens pour ne pas préférer mon étude à son cabinet.

Mme LOMBARD.

Pensez-vous que ce soit en vue de faire, un jour, de son fils un avoué, que son père, M. le juge de paix, sollicite aussi vivement la place de juge vacante au tribunal?

LOMBARD.

Firmin père peut justement prétendre à cette position, et la probabilité pour lui d'y être appelé est une raison de plus pour nous d'accueillir la demande du fils; je dirais même que c'est la principale, si, d'ailleurs, le cœur de Clémence ne s'était pas prononcé...

Mme LOMBARD.

Quant à ma fille, monsieur, je crois qu'elle a un peu plus de confiance que vous dans ma perspicacité, et pour M. Firmin père, il faut, cette fois encore, qu'il cède le pas à qui de droit.

LOMBARD.

A M. Desmarets fils, le juge suppléant?

Mme LOMBARD.

Il l'est depuis assez de temps pour devenir juge en titre!

LOMBARD.

On pourrait, sans inconvénient, le faire attendre encore.

Mme LOMBARD.

C'est ce qu'on dit au barreau. Mais vous n'y disposez pas des places, messieurs, tandis que la magistrature....

LOMBARD.

Dispose des procès, ce qui est bien autre chose.

Mme LOMBARD.

Et, puisqu'il faut vous le dire enfin, on ne peut plus douter de la nomination de M. Desmarets.

LOMBARD.

Vraiment…! de qui vient la nouvelle?

Mme LOMBARD.

Du concierge du palais, qui la tient de l'huissier de service, lequel l'a entendu annoncer par le secrétaire du parquet.

LOMBARD.

Parbleu! le procureur de la république n'aura pas tardé de la publier, lui qui, de concert avec le vice-président, s'est si fort prononcé pour les Desmarets.

Mme LOMBARD.

Vous mettrez votre gloire, vous, monsieur Lombard, à braver leur triomphe?

LOMBARD.

Y penses-tu…? y pensez-vous…? le père et le fils magistrats au même tribunal, siégeant chacun dans l'une des deux chambres…! J'irais lutter contre eux!

Mme LOMBARD.

Vous l'avez presque déjà fait par votre conduite en faveur de son concurrent.

LOMBARD.

Eh mon Dieu! je comptais sur la supériorité de son mérite et sur la jurisprudence de la chancellerie en fait de dispenses à donner aux proches parents, pour être employés dans le même siége.

Mme LOMBARD.

Vous raisonniez vraiment d'une manière admirable…! Mais j'espère que vos idées se sont modifiées!

LOMBARD.

Complétement!

Mme LOMBARD.

Et puis-je compter sur votre fermeté?

LOMBARD.

Tu sais…. vous savez, dis-je, combien je suis inébranlable dans mes résolutions.

Mme LOMBARD.

J'y compte, du moins, et vais tout disposer pour recevoir la visite de Mme Desmarets, que bientôt l'on appellera Mme Desmarets la mère.

SCÈNE II.

LOMBARD seul *(regardant sortir sa femme.)*

Ah! ma chère moitié, vous désirez franchir cette ligne de démarcation que mesdames de la magistrature mettent entre elles et les dames du barreau! Vous avez raison; mais c'est quelque peu difficile. Cependant, pour vous, comme pour nous autres hommes, il n'y a qu'un moyen : c'est d'appeler la fortune à notre aide. MM. les magistrats y mettent bien obstacle tant qu'ils peuvent; mais dès que nous sommes devenus riches, les inégalités s'effacent, et la fille d'un modeste avoué peut s'allier....

SCÈNE III.

LOMBARD, CLÉMENCE.

CLÉMENCE *(accourant se jeter dans les bras de son père).*
A celui qu'elle aime, n'est-ce pas, petit papa?

LOMBARD.
Que dites-vous là, mademoiselle?

CLÉMENCE.
C'est un grand privilége, que celui-là : s'allier à la personne qu'on aime! Il y a tant de malheureux qui ne peuvent pas en jouir?

LOMBARD.
Dans quel traité de jurisprudence avez-vous appris qu'une telle exception au droit commun fût ouverte au profit d'une fille d'avoué?

CLÉMENCE.
Dans un traité de la puissance paternelle, petit papa.

LOMBARD.
M'en feriez-vous connaître l'auteur, s'il vous plait?

CLÉMENCE.
L'auteur? Il s'est déjà fait un nom dans la science du droit. C'est de plus un homme d'affaires consommé; mais, c'est

surtout le plus doux, le plus complaisant, le meilleur des pères de famille ; en un mot, c'est M. Jérôme-Eustache-Nicolas Lombard, docteur en droit de la faculté de Paris, président de la chambre de discipline des avoués près le tribunal....

LOMBARD.

Il suffit...., espiègle....! Et dire que je ne pourrai pas te céder mon étude !

CLÉMENCE.

Tu la céderas à mon mari, cela revient au même. Je te promets que j'y prendrai ma part de charges.... et de bénéfices surtout.... pour ma toilette ; oh voilà tout !

LOMBARD.

Il n'y a qu'un petit inconvénient à cela, c'est que.... votre mari ne sera pas avoué.

CLÉMENCE.

Votre mari ne sera pas avoué....! Quel ton sépulcral, petit papa....! On dirait que tu prononces une sentence de francs-juges....! Ah, j'y forme opposition, et sur la forme, et sur le fond !— Votre mari....!

LOMBARD.

Oui, mademoiselle ; et depuis longtemps, vous-même, vous auriez dû vous apercevoir que vos formules de langage envers moi sont peu compatibles avec les devoirs de filiation.... Petit papa....! Tu prononces....!

CLÉMENCE.

C'est que tu dis cela d'un air sérieux...! Est-ce que vraiment ce serait sérieusement que tu parles....!

LOMBARD.

Très-sérieusement, mademoiselle...! Vous savez bien que je ne ris jamais.... quand je suis en colère.

CLÉMENCE.

Mais, précisément, tu ne te mets jamais en colère.... et tu ris toujours avec moi !

LOMBARD.

Eh bien...., mademoiselle...., à dater d'aujourd'hui il n'en sera plus ainsi....

CLÉMENCE (à part).

Cela reviendra, avant demain.

LOMBARD.

Vous m'avez entendu....? vous m'avez compris....? Madame votre mère...., dont vous connaissez la sagesse et la sollicitude, a pris des engagements pour vous.... Quant à moi.... *(A part.)* Je ne l'aurais probablement pas fait.... *(Haut)* Elle-même vous apprendra sa détermination.

CLÉMENCE.

Je la soupçonne.... Mais, vous ne m'aimez plus, mon père...! C'est le seul malheur dont je me préoccupe. Car, je connais votre fermeté, et si je n'avais pas perdu votre tendresse, vous n'auriez certainement pas changé ainsi de langage et d'intentions à mon égard.... Que je suis malheureuse! *(Elle feint de sangloter).*

LOMBARD.

Eh bien....! eh bien....! que dis-tu là?

CLÉMENCE.

Oh! je n'y survivrai pas!

LOMBARD.

Clémence!

CLÉMENCE.

Je sens déjà que quelque chose me serre le cœur.

LOMBARD.

Mon enfant....! ma chère enfant!

CLÉMENCE.

Mes yeux se voilent....! *(Lombard la soutient, l'évente avec son mouchoir. Il s'agite et crie).*

LOMBARD.

Mon cœur....! mon bijou....! Je t'en supplie, reviens à toi! Quelqu'un! vite quelqu'un! quelque chose! Au secours!

SCÈNE IV.

LES PRÉCÉDENTS, FIRMIN.

FIRMIN.

Grands dieux! monsieur Lombard, que vous arrive-t-il?

LOMBARD.

Ma fille, monsieur Firmin, mon enfant, mon unique enfant qui va mourir! Courez, je vous en supplie, chercher un médecin.

CLÉMENCE.

Un médecin...! oh, non...! Je suis mieux; beaucoup mieux... depuis que monsieur est ici...; mais, grâce à vous, mon père.

LOMBARD.

A vous....! mon père....! Ne me parle plus comme cela; sans quoi je ne croirai pas à ton retour à la santé.

FIRMIN.

En effet, mademoiselle, ce n'est pas ainsi que vous aviez l'habitude d'adresser la parole....

CLÉMENCE.

A celui qui m'avait tant gâtée....! qui m'aimait tant, que je me croyais tout permis avec lui. Mieux éclairée aujourd'hui sur mes devoirs, je dois employer des formes plus respectueuses.

LOMBARD.

Va, va, la forme n'emporte pas toujours le fond.... Conserve-moi ta tendresse : c'est à quoi je tiens avant tout!

CLÉMENCE.

Ah, cher petit papa....! n'y as-tu pas tous les droits possibles?

LOMBARD (*embrassant sa fille*).

A la bonne heure!

FIRMIN.

Tous! mademoiselle!

CLÉMENCE.

J'y confonds, bien entendu, ceux de maman; mais eux seuls pourraient admettre un tiers à partager ces droits.... S'ils voulaient seulement me consulter un peu pour cela!

LOMBARD.

Ils ne consulteront que toi, morbleu!

CLÉMENCE.

Toi, c'est vrai, cher petit papa. Tu as de la fermeté, tu te diriges par toi-même; mais maman!

LOMBARD.

Ah, diable....! Je crains qu'entre elle et moi, en effet, il n'y ait pas parfaite homogénéité d'opinions. Comment faire, alors?

CLÉMENCE.

Ton traité de la puissance paternelle ne l'enseigne-t-il pas?

LOMBARD.

Sans doute...., sans doute.... Et tu sais.... que je suis inébranlable dans mes résolutions !

FIRMIN.

Oui, monsieur, on connaît la constance de votre caractère :
c'est pour cela aussi que j'avais mis quelque empressement à
venir vous annoncer une nouvelle qui..., naguère du moins...,
m'a paru devoir vous être agréable.

LOMBARD.

Laquelle ?

FIRMIN.

La nomination de mon père.

CLÉMENCE (avec joie).

Vraiment !

LOMBARD.

Ce ne peut pas être : le parquet a reçu un avis opposé.

FIRMIN.

Il était mal informé, et s'est fait illusion sur ses espérances...,
ainsi que d'autres personnes.

LOMBARD.

Ne vous trompez-vous pas vous-même ?

FIRMIN.

Je quitte à l'instant M. le président et M. le juge d'instruction, qui, plus justes et mieux éclairés, je crois, sur les besoins
du pays, avaient, comme vous le savez, fortement appuyé la
candidature de mon père.

CLÉMENCE.

D'autant plus que M. Florentin, le procureur de la république, et M. de Lamolinière, le juge d'instruction, soutenaient un
autre prétendant.

FIRMIN.

Une lettre, dont il ne m'est pas permis de faire connaître
l'auteur, les assure positivement du succès de leurs démarches.

CLÉMENCE.

Et M. Desmarets ?

LOMBARD.

Ma foi, M. Desmarets est juge suppléant : c'est déjà beaucoup pour lui! Si l'on en croyait certaines gens, les hommes d'affaires ne pourraient arriver à rien, et nous n'aurions bientôt que des tribunaux de famille!

CLÉMENCE.

Qui finiraient même par ne pas s'appliquer la loi salique.

LOMBARD.

C'est vrai. Oh, mon cher Firmin, je puis me flatter de ne pas être étranger à l'événement qui vous arrive! Déjà j'avais secondé de toutes mes forces M. votre père, quand il a sollicité la justice de paix.

CLÉMENCE.

Oui, petit papa : c'était ton collègue, et ton rival de clientelle. Tu avais agi en bon confrère.

FIRMIN.

Il ne l'a pas oublié, monsieur Lombard.

LOMBARD.

A son premier désir d'être appelé comme juge au tribunal, c'est moi qui, dans le sein du barreau, ai organisé cette manifestation générale qui lui a été si favorable.

FIRMIN.

Et déjà vous m'aviez permis à moi-même d'aspirer un jour...

LOMBARD.

A la main de ma fille.

CLÉMENCE.

Ce qui n'a pas peu diminué l'empressement du barreau à demander la nomination de M. Firmin.

FIRMIN.

Puis-je espérer au moins que cette nomination ne changera rien....

LOMBARD.

A mes intentions premières? Non, certes, mon ami, et moi-même je veux en aller sur-le-champ donner l'assurance à M. votre père. Comment! il ne m'a pas encore vu chez lui pour le féliciter, moi, son ancien collègue, son vieil ami! Vous, mes enfants, restez ensemble jusqu'à mon retour. Oh, vous aurez bien des choses à vous dire! Dites-vous-les sans contrainte aucune : c'est moi qui vous y autorise. Dis-le à ta mère, toi, Clémence....; oui, dis-le lui....: cela me dispensera d'abord de lui en parler moi-même...., et rappelle-lui....

CLÉMENCE *(en l'embrassant)*.

Que tu es inébranlable dans tes résolutions, n'est-il pas vrai, petit papa?

LOMBARD.

C'est cela : oh, tu me connais au moins, toi! tu sais de quoi je suis capable !

SCÈNE V.

CLÉMENCE, FIRMIN.

CLÉMENCE.

Hélas! oui, je le sais, et c'est ce qui me désole ; car jusqu'au moment où nous serons unis, j'aurai toujours à craindre qu'il ne change d'idée.

FIRMIN.

Et moi, Clémence, je ne partage pas vos appréhensions, parce que je crois à la sincérité de vos sentiments, et que sous les apparences de la légèreté de votre âge et de votre sexe, vous cachez toute la fermeté....

CLÉMENCE.

Du vôtre, peut-être? mon père, vous le voyez, en est un exemple. Mais vous-même, Ernest, puis-je bien compter sur votre parole?

FIRMIN.

Il m'en a coûté pour vous la donner, c'est vrai. Cependant il n'y a pas de sacrifice auquel je ne fusse disposé....

CLÉMENCE.

Pour obtenir ma main !

FIRMIN.

Pour mériter votre amour, Clémence.

CLÉMENCE.

Ainsi, lorsque tant de jeunes avocats prennent une femme pour avoir une étude d'avoué, vous consentez, vous, à ne vous charger d'une étude d'avoué que pour avoir....

FIRMIN.

Une amie.

CLÉMENCE.

Ah ! vous savez bien que j'ai droit à ce nom, et croyez-vous qu'il ne me rende pas pénible à moi-même la violence que je vous impose? Croyez-vous d'ailleurs qu'une jeune femme n'ait pas autant de vanité qu'un avocat?

FIRMIN.

C'est beaucoup dire, j'en conviens, et je conçois qu'en effet vous comprenez toute la supériorité de ce titre sur celui d'avoué.

CLÉMENCE.

Mon père vous soutiendrait probablement que ce n'est là qu'un préjugé.

FIRMIN.

Il aurait tort. Avoué, on s'enterre dans les détails fastidieux et vulgaires de la procédure. On y étouffe les nobles facultés qu'on a reçues de la nature ou de l'éducation. Avocat, on est toujours en mesure de s'en servir, et l'on peut prétendre à toutes les positions sociales.

CLÉMENCE.

Oui, c'est là le rêve qui fait vivre beaucoup de vos confrères.

FIRMIN.

Et qui en fait mourir plus d'un, pourriez-vous ajouter. Je le sais, mais les illusions ne sont-elles pas la plus grande réalité de l'existence?

CLÉMENCE.

Eh bien ! je ne veux pas détruire les vôtres; je ne veux qu'en suspendre un moment le cours. Plus tard vous serez libre de vous y livrer, et je crains bien de ne les partager moi-même qu'avec trop d'empressement. Mais, pour le moment, pliez-vous aux exigences de mon père. C'est le seul moyen d'empêcher ma mère de triompher de sa faiblesse; c'est le seul moyen d'assurer mon bonheur.

FIRMIN (*lui baisant la main.*)

Mon bonheur...! Quel égoïsme, Clémence.

CLÉMENCE.

Ernest !

SCÈNE VI.

LES PRÉCÉDENTS, DESMARETS.

DESMARETS (*qui les surprend, s'arrête un instant et dit à part*).

Le moment est bien choisi pour mon ambassade, et mon fils est heureux de traiter de son mariage comme un souverain.

CLÉMENCE (*en s'éloignant de Firmin*).

Ah !

DESMARETS.

Je vous supplie, mademoiselle.... et monsieur..., d'excuser mon indiscrétion.

CLÉMENCE (*se remettant*).

Il est vrai, monsieur le juge, que j'étais loin de penser à votre visite. Ma mère s'attendait à l'honneur de recevoir Mme Desmarets. Vous voulez bien me charger sans doute de lui annoncer qu'elle doit.... encore.... en être privée.

DESMARETS.

Et qu'en venant lui présenter les excuses de ma femme, j'ai à lui donner une nouvelle....

CLÉMENCE.

Qui ne la dédommagera pas... quelle qu'elle soit... (*à part*) je l'espère... (*haut*) du déplaisir de ne pas voir Mme Desmarets.

SCÈNE VII.

FIRMIN, DESMARETS.

FIRMIN.

Je comprends aussi, monsieur le juge, à quoi les convenances m'obligent. (*Il se dispose à sortir*).

DESMARETS.

J'ose d'autant moins vous retenir, monsieur, que la nouvelle dont j'ai à entretenir Mme Lombard vous serait naturellement pénible.

FIRMIN.

Pardonnez alors mon impatience de la connaître, et l'indiscrétion.... qu'à mon tour.... je commets peut-être en vous la demandant.

DESMARETS (*en s'inclinant*).

Je ne fais donc que souscrire à vos désirs. La nomination de mon fils est décidément signée.

FIRMIN.

Serait-ce de M. le procureur de la république ou de M. le vice-président que vous en tenez l'avis?

DESMARETS.

Cette source-là serait déjà assez bonne, ce me semble ?

FIRMIN.

Très-respectable sans doute, mais non pas infaillible.

DESMARETS.

Elle vaudrait au moins les assurances de M. le juge d'instruction et même celles qui viendraient de plus haut.

FIRMIN.

Quand ce serait de M. le premier président ?

DESMARETS.

Doutez-vous que M. le procureur général ait des relations aussi directes avec la chancellerie?

FIRMIN.

La représentation nationale, monsieur, peut en avoir de plus immédiates encore.

DESMARETS.

Et la cour de cassation y exerce quelque influence.

FIRMIN.

Ou la préfecture y fournit des renseignements.

DESMARETS.

Mais, si Mgr l'évêque, enfin, avait daigné intervenir?

FIRMIN (*surpris.*)

Ah ! si monseigneur a bien voulu s'en mêler, il est certain que devant une semblable protection....

DESMARETS.

Beaucoup d'autres ont pu échouer...! M. votre père, monsieur, en sera, je le pense, moins affecté que vous. L'expérience lui fera mieux comprendre qu'en bonne règle d'administration judiciaire, la magistrature peut se suffire à elle-même.

FIRMIN.

En supposant que cela dût être, les justices de paix n'en font-elles point partie?

DESMARETS.

Je crois que les fonctionnaires qui les occupent ont, à certains égards, la modestie de n'y pas prétendre.

FIRMIN.

Quoi ! parce qu'on aurait.... l'injustice de le leur contester.

DESMARETS.

On n'en reconnait pas moins l'utilité de leurs services et même l'importance de leurs fonctions.

FIRMIN.

En les y confinant à jamais !

DESMARETS.

Mais, monsieur Firmin, vous êtes avocat; est-ce à moi de vous rappeler la différence qu'il y a entre un simple juge de paix et un magistrat de tribunal?

FIRMIN.

Il y a longtemps que je l'ai remarquée.

DESMARETS.

Eh bien donc !

FIRMIN.

C'est que le premier fait à lui seul ce que l'autre ne peut faire qu'avec l'assistance de plusieurs collègues.

DESMARETS.

Est-ce donc aussi par le sentiment de leur insuffisance que tant d'avocats refuseraient certainement l'offre d'une simple judicature cantonale?

FIRMIN.

Beaucoup d'avocats, monsieur, peuvent se passer de positions même plus élevées.

DESMARETS.

Ou vouloir immédiatement atteindre aux plus hautes, sans gravir péniblement les échelons de la hiérarchie.

FIRMIN.

Si le talent les y porte !

DESMARETS.

Ou que l'intrigue les y pousse.

FIRMIN.

Je n'oublierai pas, monsieur, que je suis devant un magistrat.... devant un père qui doit se réjouir du triomphe de son fils. Permettez que, non moins pénétré des devoirs de la piété filiale, j'aille adoucir, s'il se peut, les ennuis de celui à qui je dois toute mon affection.

SCÈNE VIII.

DESMARETS *seul (regardant aller Firmin).*

Il est blessé, le jeune homme ! Il y a tant d'orgueil aussi parmi ces hommes d'affaires ! et moi, qui recherche cependant une alliance avec eux...., malgré ma femme...., malgré mon fils lui-même...., et, qui plus est.... malgré ce que je viens de voir... Ah ! c'est qu'une fille unique... une fortune immense..., acquise, Dieu sait comme...! Cependant.... la considération, l'honneur sont plus précieux encore que la fortune.... Mais comment rompre..., ajourner au moins....

SCÈNE IX.

DESMARETS, Mᵐᵉ LOMBARD.

Mᵐᵉ LOMBARD *(d'un air vivement piqué et qui va en augmentant sans cesse).*

Si je n'ai pas mis à me rendre au-devant de vous, monsieur, toute la promptitude que vous pouviez exiger de moi, c'est que, retenue par quelques occupations, j'ai compté sur votre indulgence.

DESMARETS.

Je serais désolé de vous déranger, madame, et peut-être

aurais-je renvoyé à un autre moment l'honneur de vous présenter mes hommages ; mais, je devais vous apprendre....

Mme LOMBARD.

Que M. Firmin père l'a emporté sur monsieur votre fils?

DESMARETS.

Madame....

Mme LOMBARD.

Clémence vient de me le dire. Elle le tenait de M. Firmin, l'avocat, qui l'annonçait à.... M. Lombard.

DESMARETS.

Il y avait mis un peu de précipitation.

Mme LOMBARD.

Cet empressement est excusable de la part d'un fils qui doit être sensible, on le conçoit, au succès de son père.

DESMARETS.

D'autant plus que ce succès du père pouvait contribuer à celui du fils.

Mme LOMBARD.

Il aurait été à cet égard dans la plus complète erreur, et, certes, j'eusse montré de la coquetterie, passez-moi l'expression, à le prouver à Mme Desmarets, si, comme je devais m'y attendre, elle m'avait mise dans le cas de lui adresser, à elle-même, mon compliment de condoléance.

DESMARETS.

Elle y aurait été sensible, sans doute, si....

Mme LOMBARD.

Elle ne m'avait pas jugée indigne de le lui offrir.

DESMARETS.

Permettez-moi, madame, de vous expliquer combien vous êtes dans l'erreur sous plusieurs rapports.

Mme LOMBARD.

Dans l'erreur, monsieur, dans l'erreur! Lorsque, sous divers prétextes, Mme Desmarets évite de me rendre une des nombreuses visites qu'elle me doit!

DESMARETS.

Et qu'elle vous aurait faites, mais....

Mme LOMBARD.

Dont elle s'est dispensée, parce que je suis la femme d'un simple avoué. Car ces dames de la magistrature croiraient se déshonorer, si, à l'égard des dames du barreau, elles se conformaient aux règles les plus élémentaires de la politesse.

DESMARETS.

Est-il bien certain qu'il y ait plus de vanité chez les unes que chez les autres?

Mme LOMBARD.

Cependant l'on ne croit pas déroger avec nous, quand l'intérêt peut y trouver son compte.

DESMARETS (*blessé*).

Madame....

SCÈNE X.

LES PRÉCÉDENTS, LOMBARD.

LOMBARD (*accourant avec empressement*).

Ma chère.... madame Lombard, vous aviez bien raison, vous avez toujours raison.

DESMARETS.

Comment, maître Lombard...., raison!

LOMBARD.

Monsieur le juge, pardon; oui, c'est à vous que j'aurais dû adresser la parole d'abord, mais j'avais hâte de dire à ma femme...., à madame Lombard, que si sa fille...., une petite folle, un enfant gâté, lui avait rapporté que j'eusse changé d'intention, elle devait bien se garder d'y croire, car.... tout le monde sait que je suis inébranlable dans mes résolutions.

DESMARETS.

Vous en avez, en effet, la réputation bien acquise au palais!

Mme LOMBARD.

On s'y moque de toi, comme ailleurs, imbécile!

LOMBARD.

On s'y moque de toi....! Ah ça! c'est donc aujourd'hui le

jour des mutations incessantes de la forme et du fond des choses! Tu m'imposes d'abord l'obligation de modifier toutes mes formules de langage : j'obtempère à tes injonctions. Tu me dis que M. Desmarets fils doit être nommé juge : j'y crois et me conforme aux conséquences de cet événement. Le jeune Firmin vient m'apprendre, au contraire, que la place est promise à son père: je cours chez mon ancien collègue pour le féliciter, sais-tu ce qu'il me répond?

Mme LOMBARD.

Eh bien?

LOMBARD.

Va, mon cher Lombard, porter tes félicitations à M. Desmarets fils, car lui-même vient de m'annoncer que sa nomination était signée.

Mme LOMBARD.

Comment!

DESMARETS.

C'est la vérité, madame.

LOMBARD.

J'étais impatient de te donner cette bonne nouvelle, ma chère amie.

DESMARETS.

Et moi-même j'allais vous en faire part, madame, lorsque...., permettez-moi de vous le dire...., une préoccupation un peu trop vive de votre esprit m'a détourné de.... l'un des objets de ma visite.

Mme LOMBARD.

Je puis avoir agi avec irréflexion...., injustice même.... Je sais aussi réparer mes fautes....; et ma fille, qui n'y est pas étrangère, va en juger. La voici précisément.

SCÈNE XI.

LES PRÉCÉDENTS, CLÉMENCE.

CLÉMENCE.

J'en demande mille pardons à ces messieurs; mais, ma chère maman, je reçois à l'instant de ma bonne amie Amélie Florentin..., la fille de M. le procureur de la république, une lettre que je dois te communiquer au plus tôt.

Mme LOMBARD.

J'ai aussi une communication à vous faire, mademoiselle ;
mais voyons d'abord la vôtre. *(Elle lit.)*

« Mme Desmarets quitte maman, ma chère Clémence... »

Mme LOMBARD *(interrompant sa lecture).*

Ah! Mme Desmarets était chez Mme Florentin.... *(A Desmarets.)* pendant que vous vous trouviez ici, monsieur !

DESMARETS.

Il se peut, en effet, qu'une affaire pressante l'y ait obligée.

CLÉMENCE.

Il s'agissait, il est vrai, d'une affaire.... très-importante au
moins.... Achève donc, chère maman.

Mme LOMBARD *(achevant de lire).*

« La chose est résolue : j'épouse M. Desmarets fils, dont la
« nomination est officielle. Je veux être la première à te l'an-
« noncer et que tu sois la première personne à l'apprendre.
« Ton amitié pour moi m'en fait un devoir, la mienne s'en
« fait un véritable plaisir.   AMÉLIE. »

LOMBARD.

Voilà, il faut en convenir, une amitié des mieux caractéri-
sées ! Car, non plus que toute la ville, Mlle Florentin ne
pouvait ignorer de quoi il était question pour Clémence.

Mme LOMBARD.

Tu oublies, mon bon ami, que c'est la fille d'un magistrat
qui se conduit de la sorte envers la fille d'un avoué.

DESMARETS.

Cette nouvelle épigramme et toutes celles que madame a
déjà aiguisées me mettent un peu plus à mon aise dans la
démarche que j'allais accomplir. Il m'était bien pénible , vous
devez le penser, de venir en personne retirer ma parole.

LOMBARD.

Quoi ! monsieur le juge, c'était pour cela...

DESMARETS.

Que... moi-même... je me suis rendu chez vous, monsieur
Lombard... L'estime que vous m'aviez inspirée... les heureuses
qualités de votre fille...

CLÉMENCE (*à part, en riant*).

Et sa dot...

DESMARETS.

M'avaient d'abord inspiré l'idée de vous demander sa main...
contre l'avis de Mme Desmarets, qui traite un peu plus sérieusement que moi les affaires de cœur...

Mme LOMBARD.

Et de convenance...

DESMARETS (*après s'être incliné*).

Mais enfin, ne voulant pas contrarier... les propres inclina-
tions de mon fils, je me suis décidé à prendre un parti com-
mandé par la raison, et je suis heureux de vous avoir trouvés
tous... (*à Clémence*)... en commençant par mademoiselle...
(*Clémence fait une révérence en baissant les yeux*)... dans
des dispositions qui font cesser mon embarras.

Mme LOMBARD.

Et qui n'apporteront pour votre famille aucun mélange de
peine à l'alliance qu'elle va contracter...; d'autant plus que si
M. Florentin a peu de fortune, il est frère d'un magistrat
supérieur de cour d'appel.

LOMBARD.

Mais comment se fait-il, monsieur le juge, que s'il faut déjà
des dispenses du gouvernement pour que vous puissiez être
employé dans le même tribunal avec M. votre fils, il devienne
encore le gendre de M. le procureur de la république.

DESMARETS.

Je laisse à votre sagacité, maître Lombard, le soin de concilier cette difficulté avec la lettre de Mlle Amélie.

LOMBARD.

J'en conclus qu'il ne faut tenir aucun compte de cette lettre,
qui est venue jeter le trouble et la désunion parmi nous.
Parbleu! M. le garde des sceaux ne voudrait pas autoriser les
plaideurs mécontents à dire qu'il n'y a dans ce pays qu'un
tribunal de famille.

SCÈNE XII.

LES PRÉCÉDENTS, FIRMIN.

FIRMIN.

Il n'y en aura pas, cette fois, dans notre arrondissement. Le *Moniteur* a parlé; le voilà : c'est un étranger qui nous arrive. Mon père est nommé à Pézénas, et M. Desmarets fils à Quimper-Corentin.

DESMARETS, *surpris.*

A Quimper-Corentin...! (*à part*).. Vous aviez lu : bien, madame Desmarets...! (*haut*)... Oui, c'était une des résidences que nous avions demandées.

FIRMIN.

Il paraît, néanmoins, que la protection de monseigneur n'a pas eu toute l'efficacité qu'on pouvait en attendre.

DESMARETS.

Et que l'influence de la représentation nationale n'a pas été plus heureuse.

LOMBARD.

Le gouvernement a bien de la peine à satisfaire tout le monde.

CLÉMENCE.

C'est déjà beaucoup quand il essaie de ne mécontenter personne.

Mᵐᵉ LOMBARD.

M. Desmarets, dans tous les cas, avait pris ses précautions, et madame n'avait pas négligé les siennes.

DESMARETS.

Vous la traiterez avec plus d'indulgence, madame, si vous voulez prendre la peine de réfléchir sur les motifs de sa conduite : en se séparant d'un fils chéri, elle ne voulait pas le savoir seul; elle avait compris aussi que l'on ne pouvait pas exiger d'une mère le sacrifice de son unique enfant. Devait-elle mettre de l'insistance à vous enlever le vôtre? (*Il salue et sort*).

LOMBARD (*en accompagnant Desmarets*).

Que cela est noble et délicat !

1 1

SCÈNE XIII ET DERNIÈRE.

LES PRÉCÉDENTS, EXCEPTÉ DESMARETS.

Mme LOMBARD.

Comment, malheureux, tu ne cesseras pas d'être dupe !

LOMBARD.

Il le croit...! J'en suis enchanté... Ah ! ma chère Antoinette, Dieu garde qu'un avoué ait jamais l'air de voir plus clair qu'un magistrat...! Et vous, mon cher Firmin, irez-vous plaider au barreau de Pézénas ?

FIRMIN.

S'il m'était un jour permis de faire simplement de la procédure ici, j'y bornerais bien mon ambition.

LOMBARD (*à sa femme*).

Que t'avais-je dit ?

Mme LOMBARD.

Je ne l'aurais pas cru ; mais je m'en félicite, et je conçois qu'en voyant son père s'éloigner d'ici (*elle tend la main à Firmin*)... Ernest n'y doive pas non plus rester seul.

CLÉMENCE.

Je me charge de lui tenir fidèle compagnie.

FIRMIN.

Il ne faut pas moins que la vôtre pour me dédommager de l'éloignement d'un bon père ; mais je vous devrai à tous mon bonheur.

CLÉMENCE.

Surtout à la fermeté de petit papa.

LOMBARD.

Tu sais bien que je suis inébranlable dans mes résolutions.

Mme LOMBARD.

Oui : comptez-y, mes enfants...., comme nos candidats comptaient sur leur nomination de juge à ce tribunal :

A compter sans son hôte, il faut compter deux fois.

UNE COMBINAISON,

ou

L'HOMME PROPOSE, DIEU DISPOSE.

———

PROVERBE DRAMATIQUE.

6

NOTE SUR LE QUATRIÈME PROVERBE.

Le corps judiciaire, comme le reste de la société, a ses hautes, moyennes et basses régions. Les plus élevées ne sont pas exemptes elles-mêmes de certains défauts. Ces défauts tiennent à la nature humaine, et se modifient, comme ailleurs, par les circonstances particulières. Les règles de l'avancement sont moins déterminées dans l'administration de la justice que dans la plupart des divers services publics, et là, comme dans tous les autres, l'avancement est ce qui préoccupe, avant tout, les fonctionnaires : il y a rivalité entre les subalternes pour l'obtenir et rivalité entre les supérieurs pour le donner. De là, les antagonismes de l'ambition et les débats de l'amour-propre. Il n'entrait pas dans le cadre de ce petit écrit de mettre en scène le jeu des passions et des intrigues qui s'agitent autour des parties supérieures du pouvoir pour déterminer l'avancement, mais de montrer comment ce jeu se manifeste souvent dans les sommités de l'autorité judiciaire en province ; car c'est là que la source en est principalement placée ; c'est là qu'elle pourrait fournir d'utiles enseignements à la plus haute comédie. Le proverbe intitulé : UNE COMBINAISON n'est et ne pouvait en être qu'une incomplète ébauche.

PERSONNAGES.

—

DUNOYER, *procureur général.*
BLAINVILLE, *conseiller.*
DE SAINT-AMOUR, *substitut du procureur général.*
Mme DUNOYER.
Mme BLAINVILLE.
UN DOMESTIQUE.

———

La scène se passe dans un chef-lieu de cour d'appel.

UNE COMBINAISON,

ou

L'HOMME PROPOSE, DIEU DISPOSE.

PROVERBE.

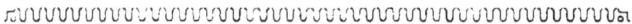

Le théâtre représente un salon.

SCÈNE Ire.

Mᵐᵉ DUNOYER, *seule.*

(Elle est assise sur un canapé, et tient une lettre ouverte à la main.)

Je ne m'attendais pas, en venant dans ce pays, à y trouver un accueil aussi bienveillant, des prévenances aussi délicates. On n'est pas plus aimable que cette chère Mᵐᵉ de Blainville : après m'avoir aidée si affectueusement, après avoir fait, presque à elle seule, les honneurs de toutes mes soirées, elle veut, à son tour, me donner une fête à sa campagne.... Et c'est M. de Saint-Amour, votre jeune substitut, dit-elle dans sa lettre...., qui en sera l'ordonnateur.... M. de Saint-Amour..... oh, mais ce sera charmant....! Celui-là, au moins, est un magistrat comme il faut; il ne vous parle pas sans cesse d'affaires, de procès, de candidatures; tandis que.... *(Elle aperçoit son mari, se lève et dit à part :)* La comparaison ne se fera pas attendre.

SCÈNE II.

DUNOYER, Mme DUNOYER.

(Dunoyer paraît absorbé dans ses réflexions.)

Mme DUNOYER.

Te voilà fort à propos, mon ami. J'ai à te faire part d'une lettre qui m'arrive à l'instant.

DUNOYER.

D'une lettre....? C'est inutile...., ma combinaison est faite.

Mme DUNOYER.

Mais écoute-moi au moins jusqu'au bout.

DUNOYER.

Encore des sollicitations....! Apprenez, une fois pour toutes, madame Dunoyer, que je suis procureur général; que je dois...., que je sais.... peser le mérite de chacun, et que si l'on a des titres à faire valoir, c'est à moi...., à moi directement.... et sans intermédiaire que l'on doit s'adresser !

Mme DUNOYER.

Quoi ! une dame....

DUNOYER.

N'a que faire de cabaler !

Mme DUNOYER.

Une amie.... ne pourra pas nous inviter l'un et l'autre à une fête de campagne.... et m'écrire à l'avance pour s'assurer du jour qui nous conviendrait le mieux !

DUNOYER.

Il s'agit d'une partie de plaisir ?

Mme DUNOYER.

Pas d'autre chose.

DUNOYER.

C'est différent. Cela rentre complétement dans vos attributions. Je souscris à tout ce qui vous conviendra, pourvu que cela ne me dérange pas dans la conclusion de l'affaire qui me préoccupe.

Mme DUNOYER.

Ta combinaison ?

DUNOYER.

Sans doute.

Mme DUNOYER.

Est-ce donc une chose si importante?

DUNOYER.

Comment, si importante! Depuis que je suis à la tête de ce ressort, il ne s'était pas encore présenté l'occasion d'en faire une; et c'est cependant ce qui signale et assure l'influence d'un chef de parquet.

Mme DUNOYER.

Le premier président est aussi appelé à y concourir?

DUNOYER.

Eh, oui, malheureusement!

Mme DUNOYER.

Je n'y vois pas un si grand malheur. Fixé, de tout temps, à cette cour, habitant du pays, il peut éclairer mieux que personne.

DUNOYER.

Et passer pour avoir tout fait!

Mme DUNOYER.

Si tout est bien, qu'importe?

DUNOYER.

Qu'importe! madame Dunoyer! un procureur général à la remorque d'un premier président!

Mme DUNOYER.

Eh bien, soit : soutenez l'un et l'autre la dignité de vos positions respectives, et tâchez de vous entendre.

DUNOYER.

La dignité, le devoir d'un procureur général, c'est de se réserver en tout l'initiative : il est l'homme du gouvernement, tandis que le premier président n'est que....

Mme DUNOYER.

L'homme de la loi.

DUNOYER.

Ah! c'est de quoi se prévalent tant ces messieurs de la magistrature assise : voilà aussi une des raisons qui m'empêchent de me départir de mes prétentions.

Mme DUNOYER.

Jusqu'à ce que tu te sois assis, à ton tour, mon ami.

DUNOYER.

Je serai inflexible, alors comme aujourd'hui....; je ne céderai, du moins, qu'aux influences légitimes.

Mme DUNOYER.

Ou inévitables.

DUNOYER.

Il en est certainement dont on ne peut pas se garantir; et comment ne s'agiteraient-elles pas dans la circonstance actuelle? — Une place de président de chambre est vacante : en voilà bien assez pour mettre en mouvement la cour tout entière, la préfecture, la recette générale, tous les chefs d'administration, toutes les grandes maisons du pays, les membres prépondérants de l'union électorale, l'évêché, enfin! Il n'est pas jusqu'au barreau qui n'ait l'air de croire que cela le regarde aussi !

Mme DUNOYER.

Tu le croyais un peu toi-même, quand tu n'étais qu'avocat?

DUNOYER.

Oh ! savais-je alors apprécier convenablement les choses ?

Mme DUNOYER.

Et tous ces magistrats du ressort, dont les visites ne cessent pas de se succéder, aspirent-ils aussi au siége de président de chambre?

DUNOYER.

Il en est, parbleu, plus d'un qui le croirait encore en-dessous de son mérite. Chacun d'eux s'entoure d'une auréole de sollicitations; chacun d'eux est le client de plusieurs notabilités au petit pied qui font métier de patronage ; et Dieu sait quel tohu-bohu de recommandations pleuvent sur le premier président et sur moi !

Mme DUNOYER.

Je comprends qu'ils voudraient tous obtenir une part dans la combinaison.

DUNOYER.

C'est impossible. Encore faut-il les traiter avec ménagement et les renvoyer....

Mme DUNOYER.

Avec des espérances....

DUNOYER.

Ma foi : c'est le seul moyen de s'en débarrasser.

Mme DUNOYER.

A quoi vous déciderez-vous, enfin? Las d'attendre vos présentations, le ministre pourrait bien pourvoir sans vous à la vacance.

DUNOYER.

Il se garderait bien de nous enlever ce moyen d'influence locale : ce serait une politique mauvaise.

Mme DUNOYER.

Mais pas nouvelle.

DUNOYER.

Les choses sont loin d'être aussi avancées que je le voudrais. J'ai cependant obtenu du premier président une immense concession : c'est que la place de président de chambre reviendrait au premier avocat général.

Mme DUNOYER.

Quel avantage y trouves-tu?

DUNOYER.

Un triomphe pour le parquet; le premier pas dans la combinaison, et dont tout l'honneur doit me revenir. Mais il a fallu souscrire à ce qu'un conseiller devînt premier avocat général.

Mme DUNOYER.

De qui avez-vous fait choix?

DUNOYER.

Nous ne sommes fixés que sur le principe; nous ne le sommes pas encore sur la personne.

Mme DUNOYER.

On ne vous accusera pas de marcher avec trop de précipitation.

DUNOYER.

Je veux ramener maintenant le premier président à m'abandonner le siège de conseiller pour un membre du parquet encore; le reste après cela coule de source. Ainsi, un avocat général devient conseiller; un procureur de la république de chef-lieu passe à la cour; il est remplacé par un collègue d'arrondissement. Un mouvement s'opère parmi ceux-ci, suivant l'importance des tribunaux. L'avancement analogue a lieu dans la catégorie des substituts, et descend jusqu'aux juges suppléants, jusqu'aux justices de paix, jusqu'à tous les aspirants à la magistrature.

Mme DUNOYER.

De sorte qu'il y en aura pour l'ambition de bien des personnes. Mais vous aurez beau faire, il n'y en aura jamais pour celle de tout le monde.

DUNOYER.

Je vais discuter quelques-uns de ces points avec le premier président : nous nous sommes donné rendez-vous pour cela.

Mme DUNOYER.

Et ma fête ?

DUNOYER.

Madame Dunoyer ! encore une fois : à vous le département des choses futiles, à moi celui des choses sérieuses. *(Il sort.)*

SCÈNE III.

Mme DUNOYER, *seule.*

Et l'on trouve brillante ma position de femme mariée. Elle est jolie, en vérité. A moi, disposée au plaisir, à la gaîté, l'obligation du sérieux le plus insipide !

SCÈNE IV.

Mme DUNOYER , Mme BLAINVILLE.

Mme DUNOYER.

Ah ! chère madame Blainville, vous arrivez bien heureusement pour faire diversion à l'ennui que vient de me donner une conversation avec M. Dunoyer.

Mme BLAINVILLE.

Je suis très-flattée de ce que ma présence peut avoir cet effet.

Mme DUNOYER.

Oh ! vous avez toujours été si bonne pour moi !

Mme BLAINVILLE.

Moins que je ne l'aurais voulu.

Mme DUNOYER.

Comment! mais vous n'avez pas cessé de m'en donner des preuves, à dater du premier moment de mon arrivée, et sans me connaître, encore !

Mme BLAINVILLE.

Votre réputation vous avait devancée dans ce pays.

Mme DUNOYER.

Vous n'avez pas attendu ma visite : c'est vous qui, la première, êtes venue me voir.

Mme BLAINVILLE.

Ce n'était qu'un devoir dont je m'acquittais, madame. J'en ai été plus que récompensée par la manière dont vous avez daigné me recevoir.

Mme DUNOYER.

Vous m'avez offert vos services avec le plus aimable empressement.

Mme BLAINVILLE.

Il fallait bien que quelqu'un se mît à votre disposition : vous étiez étrangère dans notre ville.

Mme DUNOYER.

Grâce à vous, j'ai pu me procurer tout de suite un logement convenable, un ameublement, des domestiques et des fournisseurs de toute espèce.

Mme BLAINVILLE.

Il n'y avait là rien de bien difficile.

Mme DUNOYER.

Non : mais ce qui l'était beaucoup, pour une nouvelle arrivée, femme d'un magistrat supérieur, c'était de savoir exactement quelles personnes je devais prévenir dans mes visites, de qui je devais en attendre, à qui mes salons pouvaient être ouverts, comment aurait lieu la représentation à laquelle nous sommes tenus. Vous m'avez, en tout, dirigée avec un tact, une délicatesse....

Mme BLAINVILLE.

Qui ne méritent pas l'éloge que vous voulez bien en faire.

Mme DUNOYER.

Oh! je sais que quelques susceptibilités ont été blessées; qu'il a été tenu des propos!

Mme BLAINVILLE.

J'ai été la première à vous les rapporter.

Mme DUNOYER.

Et à m'en prouver l'injustice. Mais ils m'ont éclairée sur la nécessité de rétrécir le cercle de ma société habituelle.

Mme BLAINVILLE.

A laquelle vous avez bien voulu m'admettre.

Mme DUNOYER.

Et je me suis bornée le plus ordinairement à la vôtre; car vous êtes pour moi une vraie et bonne amie.

Mme BLAINVILLE.

C'est presque à ce titre que je me suis décidée à vous écrire et à vous adresser une pièce. Il me permet aussi d'espérer qu'elle sera favorablement accueillie.

Mme DUNOYER.

Pourriez-vous en douter? Pourquoi ai-je à vous dire cependant que M. Dunoyer ne m'a pas écoutée, quand j'ai voulu l'entretenir de votre aimable invitation?

Mme BLAINVILLE.

La refuserait-il?

Mme DUNOYER.

Il s'en rapporte aveuglément à moi sur tout ce qui tient aux relations de société. Mais, même avec moi, il ne voudrait jamais parler que d'affaires de service.

Mme BLAINVILLE.

Même avec vous....! sa bonne étoile le guide probablement à cet égard?

Mme DUNOYER.

Ah, mon Dieu! ce n'est pas la mienne, dans tous les cas.

Mme BLAINVILLE.

Regretteriez-vous de donner à votre mari de bons conseils?

Mme DUNOYER.

Comme femme, il est bien entendu que je lui en adresse plus d'une fois, non pas pour l'exercice de ses fonctions, cependant. Où pourrais-je m'éclairer pour cela?

Mme BLAINVILLE.

Où s'éclaire Mme de Montbazon?

Mme DUNOYER.

Elle passe, il est vrai, pour être l'Egérie de M. le premier président, son grave époux. Mais elle est dévote; et.... cette qualité... les garantit, l'un et l'autre, d'un peu... plus de ridicule.

Mme BLAINVILLE.

Ce ridicule, s'il en existait une ombre, s'effacerait complétement devant un autre résultat.

Mme DUNOYER.

Celui?

Mme BLAINVILLE.

D'être utile à ses amis.

Mme DUNOYER.

Ah! certes, si l'occasion m'en était offerte, je la saisirais avec autant de plaisir que d'empressement.

Mme BLAINVILLE.

Quand bien même il s'agirait d'un charmant et beau jeune homme?

Mme DUNOYER.

Où trouveriez-vous là un motif d'exception?

Mme BLAINVILLE.

Il sera bien heureux de savoir que.... vous n'en faites pas pour lui.

Mme DUNOYER *(un peu embarrassée)*.

Si pourtant vous vouliez me désigner celui qui demande à devenir mon protégé.

Mme BLAINVILLE.

M. Blainville et lui doivent se présenter aujourd'hui chez M. le procureur général, pour l'aider de leurs avis...., et l'entretenir de leurs propres espérances. Ils ne manqueront pas certainement de solliciter aussi votre bienveillante intervention. Mais précisément les voici tous les deux.

SCÈNE V.

LES PRÉCÉDENTS, BLAINVILLE, SAINT-AMOUR.

Mme DUNOYER *(surprise en voyant Saint-Amour).*
Ah !

BLAINVILLE.

Au lieu d'un redoutable procureur général, trouver ici deux femmes adorables, ce n'est pas jouer de malheur ! Qu'en dites-vous, Saint-Amour?

SAINT-AMOUR.

Mon cher Blainville, je n'aurais garde, à coup sûr, de vous contredire.

BLAINVILLE.

Quoique j'aie la fatuité de donner à ma femme la même épithète qu'à Mme Dunoyer?

SAINT-AMOUR.

Je ne puis pas être moins juste que vous envers madame Blainville.

Mme BLAINVILLE.

Mais vous l'êtes sans doute davantage..., au fond du cœur..., envers madame.

Mme DUNOYER.

Je suis trop flattée, quant à moi, de pouvoir être traitée sur le pied d'une entière égalité.

BLAINVILLE.

Traitez-nous de même, madame, et daignez-nous prendre en grâce l'un et l'autre.

Mme BLAINVILLE.

Ceci est par trop présomptueux, mon cher époux !

BLAINVILLE.

Oh ! je n'en exige pas autant de votre part, ma divine moitié.

SAINT-AMOUR.

Mme Blainville sait y mettre la différence.

Mme BLAINVILLE.

Vous me rendez cette justice-là, monsieur !

BLAINVILLE.

Je me plais à croire qu'il te la doit. Mais (*s'adressant à Mme Dunoyer*).... c'est à madame que revient le surplus de ma harangue. Je la supplie d'être pour nous, auprès de M. le procureur général, ce qu'a été et ce que sera encore, auprès de M. le premier président, Mme de Montbazon.

Mme BLAINVILLE.

Ah ! vous avez réussi ?

BLAINVILLE.

Pour moi déjà. Certes, je pouvais justement prétendre au siége de premier avocat général. Pour me le disputer, les deux autres avocats généraux mettent en avant de singulières prétentions.

SAINT-AMOUR.

L'un se dit plus orateur, l'autre plus au courant de l'administration du parquet.

BLAINVILLE.

Et mes concurrents parmi les conseillers le répètent, en se plaignant d'être souvent obligés de me remplacer aux audiences.

SAINT-AMOUR.

Comme si l'air de la campagne n'était pas indispensable au soutien de la santé, et si nous ne devions pas autant de surveillance à nos propriétés qu'aux intérêts des justiciables....

BLAINVILLE.

On s'avise de dire aussi que je n'entends rien aux affaires civiles. Elles ne sont faites, suivant moi, que pour les magistrats dignes d'être procureurs.

SAINT-AMOUR.

Et qui visent à la glorieuse réputation de connaître, comme on dit, les affaires. Ils sont bien assez récompensés par ce à quoi ils semblent attacher tant de prix : l'estime du barreau et la confiance des plaideurs !

Mme DUNOYER.

Il est vrai que les procès criminels paraissent avoir une plus grande importance.

Mme BLAINVILLE.

Et M. Blainville a obtenu de beaux succès en présidant les assises.

BLAINVILLE.

Aucun de mes collègues n'a prononcé moins d'absolutions que moi. J'ai pu, par quelque habileté dans les interrogatoires et la fermeté généralement reconnue de mes résumés de président, déjouer l'astuce d'audacieux criminels, forcer la dissimulation dans ses derniers replis, amener le jury à laisser là ses habitudes de niaise débonnaireté pour faire acte de sévère justice.

SAINT-AMOUR.

Vous pourriez ajouter que vous avez toujours rencontré dans les magistrats organes du ministère public l'appui d'une parole vigoureuse dans l'accusation, habile dans la mise en relief des faits à charge, inexorable dans ses conclusions sur l'application de la loi.

Mme DUNOYER.

Oh! pourquoi tant de sévérité? Pourquoi cette rigueur? Est-ce là la justice?

BLAINVILLE.

Ne craignez pas, madame, que notre Saint-Amour soit aussi terrible. Il veut s'asseoir à ma place, dans un fauteuil de conseiller, et il a raison. Il ne manie pas la parole à l'audience comme dans un salon, ou peut-être dans un boudoir. Ce n'est pas une raison pour qu'il ne doive pas toujours l'emporter sur tous ses concurrents. Car, en revanche, il manie le clavier d'un piano, un fleuret, un cheval ou une queue de billard avec une dextérité sans égale, et toutes ces supériorités-là, certes, sont faites pour donner du relief à une compagnie judiciaire!

Mme DUNOYER.

Toute plaisanterie à part, je crois que monsieur sera apprécié partout.

SAINT-AMOUR.

Ce suffrage-là, madame....

Mme BLAINVILLE.

Vous dédommage des éloges de mon mari.

SAINT-AMOUR.

Il m'encourage surtout à solliciter.

Mme DUNOYER.

Quoi, monsieur?

SAINT-AMOUR.

Ainsi que vient de vous le dire mon ami Blainville, un mot de recommandation auprès de M. le procureur général...., deux mots aussi auprès de Mme de Montbazon.

Mme DUNOYER.

Quoique j'attende peu de succès de mes démarches auprès de M. Dunoyer, je ne laisserai pas de lui parler, puisque vous le désirez; mais en quoi mon intervention auprès de Mme de Montbazon peut-elle vous servir?

Mme BLAINVILLE.

Dès qu'elle saura que Mme Dunoyer agit auprès de son mari, elle ne sera pas en arrière auprès du sien.

BLAINVILLE.

D'autant qu'elle connaît l'empressement de Saint-Amour à lui être agréable. Avant-hier encore, il lui donnait le bras pour l'accompagner au sermon, et hier au soir il faisait des cocottes de papier à ses petits enfants. Mais il n'y aurait pas de temps à perdre.

Mme BLAINVILLE.

Si cela ne dérangeait pas trop madame, nous pourrions....

Mme DUNOYER.

Nous rendre à l'instant chez Mme de Montbazon.... Pouvons-nous cependant quitter ainsi ces messieurs?

BLAINVILLE.

Oh! point de gêne, mesdames..., nous attendrons ici M. le procureur général. (*Mme Dunoyer et Mme Blainville sortent*).

SCÈNE VI.

BLAINVILLE, SAINT-AMOUR.

BLAINVILLE.

Eh bien! mon cher Saint-Amour, j'espère que nos affaires ne sont pas mal emmanchées?

SAINT-AMOUR.

Parbleu! nous menons cela avec un talent diplomatique digne de feu Castelreagh et du vieux Metternich.

7

BLAINVILLE.

Et ma femme, qu'en pensez-vous?

SAINT-AMOUR.

Mme de Lieven ne ferait pas mieux.

BLAINVILLE.

Ah! coquin, elle s'est aperçue que Mme Dunoyer ne vous voit pas avec indifférence, et elle en tire avantage pour nous deux. Pourvu que de votre côté vous n'alliez pas vous laisser prendre, car l'amour nuit beaucoup aux affaires, et Mme Blainville redoute une faiblesse de votre part.

SAINT-AMOUR.

Assurez-la bien qu'il n'y a rien à craindre.

BLAINVILLE.

Il suffit que cela soit: je n'ai pas besoin de le lui dire.

SAINT-AMOUR.

Au contraire, je tiens infiniment à ce qu'elle le sache.

BLAINVILLE.

Visons d'abord au plus pressé. M. de Montbazon a déjà capitulé pour moi; il est fortement ébranlé sur votre compte: nos ambassadrices vont l'achever.

SAINT-AMOUR.

Nous avons été puissamment secondés, il faut en convenir, par tous nos amis.

BLAINVILLE.

Oui, ils ont compris que, fidèles aux vieilles traditions du ressort, il fallait rester maîtres de toutes les positions.

SAINT-AMOUR.

Au cercle, au palais, dans toutes les réunions, au sein de leur foyer domestique, partout...., envelopper les chefs de la cour d'une atmosphère d'influence à laquelle ils ne pussent pas échapper.

BLAINVILLE.

Sans quoi, pour faire parade de justice et par amour-propre même, ils finiraient par ne donner de l'avancement qu'à ces ambitieux hypocrites qui, fiers de leurs talents et de leurs services, attendent qu'on aille au-devant de leur prétendue modestie.

SAINT-AMOUR.

Non ! non ! que tout passe par nos mains, et, bien entendu, charité bien ordonnée commence par soi-même.

BLAINVILLE.

M. Dunoyer sera probablement plus difficile à vaincre que le premier président.

SAINT-AMOUR.

Oui, c'est un procureur général pur sang.... : ça se croit obligé de gronder sans cesse, de trouver tout mal, de vouloir tout faire, tout ordonner, de résister à tout...., même à l'amour de sa jolie femme.

BLAINVILLE.

Dites-le donc à Mme Blainville, elle qui voudrait tant me voir à la tête d'un parquet.

SAINT-AMOUR.

Eh ! mon cher, n'auriez-vous pas des substituts ?

BLAINVILLE.

Vous voulez cependant cesser de l'être ?

SAINT-AMOUR.

Je désire avancer...! On n'entre que pour cela dans les fonctions publiques.

BLAINVILLE.

Pour vous donner le pas sur un avocat général, sur les procureurs de la république des chefs-lieux et sur votre collègue ici, nous serons peut-être obligés de recourir au grand moyen.

SAINT-AMOUR.

Lequel ?

BLAINVILLE.

La presse.

SAINT-AMOUR.

Oh ! c'est cela : le journal de la préfecture est à notre disposition.

BLAINVILLE.

Enfant...! Il n'y a que l'opposition qui produise de l'effet, et un article jeté à propos dans la boîte sera accueilli, je vous en réponds, avec empressement.

SAINT-AMOUR.

Mais y songez-vous, Blainville ! Nous, faire de l'opposition…!

BLAINVILLE.

Chut…! Le patron est là.

SCÈNE VII.

LES PRÉCÉDENTS, DUNOYER.

DUNOYER.

Je viens d'apprendre par Mme Blainville et Mme Dunoyer
que vous m'attendiez, messieurs.

BLAINVILLE.

M. de Montbazon vous aura dit, sans doute, monsieur le
procureur général, qu'il donnait son agrément à mon entrée au
parquet dans la combinaison que vous projetez l'un et l'autre ?

SAINT-AMOUR.

Et qu'il ne me défendait pas absolument d'aspirer à un siége
de conseiller ?

DUNOYER, *à Blainville.*

Vos prétentions, que je connaissais depuis quelque temps,
ont été longuement débattues entre M. le premier président
et moi. Nous nous sommes mis d'accord sur votre compte,
monsieur Blainville… Vous serez porté en première ligne pour
la place de premier avocat général.

BLAINVILLE.

Je dois croire alors qu'un membre du parquet me succédera
sur mon siége de conseiller.

DUNOYER.

Mon agrément était à cette condition.

SAINT-AMOUR.

Il m'est probablement aussi permis d'espérer…

DUNOYER *à Saint-Amour.*

Comme vous le savez déjà, que M. le premier président ne
s'opposerait peut-être pas à votre nomination, si je pouvais y
consentir.

BLAINVILLE.

Et quelles raisons vous empêcheraient de donner ce consentement, monsieur le procureur général?

DUNOYER.

Mon Dieu! monsieur Blainville, malgré le nombre de vos partisans, le choix que nous avons fait de vous soulève déjà bien des objections, et l'on oppose à vos titres de l'un et de l'autre des droits qui sont, à coup sûr, fort respectables.

SAINT-AMOUR.

Comme ceux de tous les mécontents!

DUNOYER.

Ceux de l'ancienneté, cependant?

BLAINVAL.

Ne veut-on faire avancer que des dates?

DUNOYER.

Mais si le zèle, l'exactitude et des talents reconnus les appuient?

SAINT AMOUR.

Encore faut-il que l'opinion générale les avoue!

DUNOYER.

Comment, monsieur! les chefs d'un ressort se laissent-ils diriger par ce que l'on est convenu d'appeler l'opinion?

BLAINVILLE.

Ah! nous devons être nécessairement d'accord sur ce point. Saint-Amour et moi regardons comme véritablement respectable l'opinion qui se forme autour des magistrats supérieurs, celle que manifeste la bonne société et que dicte le sentiment des convenances; non pas celle, à coup sûr, qui se traduit en criailleries de bas étage ou de journaux.

DUNOYER.

De journaux!

SAINT-AMOUR.

Dieu me préserve d'être jamais soutenu par la leur!

DUNOYER.

Ce sentiment vous fait honneur, monsieur de Saint-Amour.

Je n'oublierai pas l'expression qu'il vient de vous inspirer.
Mais tout ce que je puis ajouter pour le moment, c'est que je
n'ai rien de définitivement arrêté sur le remplacement de
M. Blainville. (*Il salue. Blainville et Saint-Amour se retirent.*)

SCÈNE VIII.

DUNOYER *seul*.

Certes, ce ne sera jamais un folliculaire qui dirigera ma
conduite! Je ne veux pas être assimilé non plus à ce pauvre
Montbazon. Un premier président se laisser mener par une
femme! La mienne, au moins, ne s'en avisera pas. A peine si
elle m'écoute, lorsqu'il m'arrive de lui parler d'affaires. La
voici. C'est sa partie de plaisir, sans doute, qui va devenir
encore notre sujet de conversation!

SCÈNE IX.

DUNOYER, Mme DUNOYER.

Mme DUNOYER.

Eh bien! mon ami, trouverai-je enfin le moment de te dire
un mot?

DUNOYER.

De votre fête probablement?

Mme DUNOYER.

Tu te persuades mal à propos que je ne suis occupée que
d'amusements.

DUNOYER.

A tout événement, je ne vous en fais point un reproche.

Mme DUNOYER.

Le soin de ta considération me touche d'assez près, pour que
je doive également y songer.

DUNOYER.

En quoi serait-elle menacée?

Mme DUNOYER.

En ce que tu finiras par laisser à M. de Montbazon l'initiative de tout.

DUNOYER.

Moi !

Mᵐᵉ DUNOYER.

Toi-même! C'est à lui déjà que M. Blainville doit la détermination qui l'appellera au poste de premier avocat général; et, cependant, il me semble que toutes ses prévenances, toutes celles de Mᵐᵉ Blainville à notre égard, depuis que nous sommes ici, auraient dû te trouver dans des dispositions un peu plus favorables envers eux.

DUNOYER.

Je voulais précisément éviter de laisser croire que ces prévenances eussent influé sur mon adhésion à ses désirs.

Mᵐᵉ DUNOYER.

Ainsi, c'est désormais le qu'en dira-t-on qui servira de règle à ta conduite?

DUNOYER.

J'aviserai à ce que cela ne soit jamais.

Mᵐᵉ DUNOYER.

Et à consolider cette réputation de juste orgueil, d'indépendance, d'inflexibilité, à laquelle tu prétendais si fort en devenant procureur général.

DUNOYER.

Personne ne me la contestera, je vous en réponds, madame Dunoyer.

Mᵐᵉ DUNOYER.

Commence donc par ne plus te mettre à la suite du premier président. Sa résolution ne tient plus qu'à un fil au sujet de M. de Saint-Amour. Je le sais par Mᵐᵉ de Montbazon, qui décidera son mari, sans aucun doute.

DUNOYER.

Je le crois bien : elle le mène par le nez.

Mᵐᵉ DUNOYER.

Dis qu'elle connaît toutes les protections de son jeune substitut, et qu'elle ne veut pas laisser à d'autres le soin de faire son avancement.

DUNOYER.

Ce jeune substitut a beaucoup moins de droits que plusieurs autres magistrats.

Mme DUNOYER.

Eh bien ! les autres arriveront à leur tour.

DUNOYER.

Son collègue du parquet lui-même est plus ancien, plus assidu, plus instruit.

Mme DUNOYER.

M. de Saint-Amour l'est bien assez pour faire un conseiller.

DUNOYER.

Je me rendrais assez à toutes ces considérations.... que j'ai déjà pesées.... moi-même.... car.... ne croyez pas que je voulusse céder à vos sollicitations pour lui ; mais....

Mme DUNOYER.

Quel obstacle y trouves-tu encore?

DUNOYER.

Dois-je vous le dire? — Oui... pour que vous ne m'accusiez pas d'obstination déplacée. Il y a pour moi une raison de conscience qui s'oppose à ce que vous conseillez.

Mme DUNOYER.

Une raison de conscience !

DUNOYER.

Et qui m'obligera peut-être à demander un changement de ressort pour ce magistrat.

Mme DUNOYER.

Un changement de ressort !

DUNOYER.

La dignité de la magistrature l'exige !

Mme DUNOYER.

Mais quelle est enfin cette raison?

DUNOYER.

Il passe pour être l'amant de Mme Blainville.

Mme DUNOYER *(surprise, embarrassée).*

Lui...! Elle...!

DUNOYER.

Vous en paraissez prodigieusement étonnée, ma chère amie... Ne vous êtes-vous jamais doutée de rien, vous qui avez pu les remarquer?

Mme DUNOYER.

Moi...! non, je te jure... ; j'étais loin de le soupçonner.

DUNOYER.

C'est comme Blainville lui-même. Mais un mari est toujours le dernier à s'apercevoir de ces choses-là...! Il est possible aussi que ce ne soit là qu'un bruit sans fondement, imaginé pour nuire à Saint-Amour, par jalousie contre lui et Blainville.

Mme DUNOYER.

Oh...! ce ne sera que trop vrai, du moment où tu le sais.

DUNOYER.

D'aujourd'hui seulement. Vous avez tort cependant de vous en préoccuper d'une manière aussi vive. La prudence exige moins de précipitation.... C'est Mme Blainville.... J'espère que votre accueil...

Mme DUNOYER.

Sera ce qu'il doit être.

SCÈNE X.

LES PRÉCÉDENTS, Mme BLAINVILLE.

Mme BLAINVILLE.

Quelques préparatifs indispensables pour la réunion que j'ai projetée me ramènent auprès de vous, madame, afin de fixer définitivement le jour où j'aurai l'honneur de vous posséder à ma campagne, car c'est à vous avoir surtout que je mets mes principales espérances.

Mme DUNOYER.

Je suis bien loin, madame, de mériter une pareille distinction... et d'être placée en tête des personnes que vous verrez avec plaisir chez vous.

Mme BLAINVILLE.

Mme de Montbazon a cédé à mes instances et m'a formellement promis d'amener M. le premier président.

Mme DUNOYER.

Mme de Montbazon a sur les décisions de son mari une influence que je n'ai pas sur celles de M. Dunoyer.

DUNOYER.

En affaires, mesdames, c'est vrai ; mais pour une partie de plaisir, c'est différent.

Mme DUNOYER.

Je croyais cependant, mon ami, que les préoccupations actuelles....

DUNOYER.

Nous empêcheraient de répondre à l'invitation de madame...? Pas du tout... Si, d'ailleurs, il survenait quelque chose qui dût me retenir..., vous pourriez toujours vous y rendre.

Mme DUNOYER.

Sans toi...! oh, jamais !

Mme BLAINVILLE.

Jamais! Indépendamment de M. Blainville et de moi, que de personnes déploreraient votre absence !

Mme DUNOYER.

Il y en a plus d'une, sans doute, qui.... près de vous, madame... ne s'en apercevra pas.

Mme BLAINVILLE, *surprise.*

J'ai de la peine à m'expliquer, madame..., cette détermination... et la manière surtout avec laquelle vous m'en parlez... Mais je me plais à croire que M. le procureur général pourra ne pas nous priver de sa présence et de la vôtre.

SCÈNE XI.

LES PRÉCÉDENTS, UN DOMESTIQUE.

LE DOMESTIQUE *(présentant des papiers à Dunoyer).*

Le courrier de M. le procureur général et l'exemplaire du *Démocrate,* qu'un avis de la préfecture recommande de remettre sans délai à monsieur. (*Il sort*).

DUNOYER.

Sans délai! vous permettez, mesdames, que j'y jette les yeux...: ces journaux de l'opposition sont actuellement si audacieux... quoi qu'on fasse pour les modérer.... La vue de ces dépêches m'apprendra aussi probablement si je n'ai rien de trop pressant à faire... et si je puis prendre un engagement envers madame.

Mme DUNOYER (*à part*).

Plaise à Dieu que non !

Mme BLAINVILLE (*à part*).

Des envieux nous ont trahis !

DUNOYER (*après avoir regardé le journal, dit avec éclat*).

L'insolent ! Peut-on s'exprimer de la sorte...? (*Il lit :*)

« On dit que dans les nominations successives auxquelles
« doit donner lieu le décès d'un président de chambre à la
« cour d'appel, ce siége sera dévolu au premier avocat général,
« et celui de premier avocat général à M. le conseiller Blainville.
« Nous nous refusons à croire que celui-ci doive être remplacé
« par un substitut du procureur général dont nous tairons le
« nom. L'abus du favoritisme n'ira pas jusque-là ! »

SCÈNE XII.

LES PRÉCÉDENTS, BLAINVILLE, SAINT-AMOUR.

DUNOYER (*à Saint-Amour*).

Monsieur de Saint-Amour, vous ne pouviez pas arriver d'une
manière plus opportune : mes irrésolutions.... je serai plus
vrai.... mes dispositions à votre égard ont cessé.

SAINT-AMOUR.

Et puis-je espérer, monsieur le procureur général....

DUNOYER.

Que vous figurerez sur mes présentations...., en première
ligne, pour la place de conseiller.

Mme DUNOYER, Mme BLAINVILLE, BLAINVILLE.

Tous trois avec étonnement.

Vraiment !

SAINT-AMOUR.

M. le premier président vient de me donner la même assurance en ce qui le concerne, et de m'autoriser à vous le dire.

DUNOYER.

Je n'ai pas attendu que sa détermination me fût connue pour
prendre la mienne, et je ne me suis pas laissé entraîner par
les sollicitations de ma femme.

SAINT-AMOUR (*à Mme Dunoyer*).

Ainsi, madame, vous avez daigné intercéder....

Mme DUNOYER (*vivement et avec fierté*).

Moi, monsieur...., je ne me mêle jamais des affaires de service de mon mari.

Mme BLAINVILLE (*à part*).

Elle sait tout.

BLAINVILLE.

Saint-Amour ne conservera pas moins une éternelle gratitude pour toute la bienveillance que vous lui avez montrée.

Mme DUNOYER (*sèchement*).

Je n'ai droit à aucun des sentiments que M. de Saint-Amour.... voudrait me témoigner.

DUNOYER.

Mme Dunoyer a raison. Toute la reconnaissance de M. de Saint-Amour est due au rédacteur du *Démocrate*.

BLAINVILLE (*à part à Saint-Amour.*)

Avais-je raison ?

DUNOYER.

M'oser mettre au défi ! il verra si je sais y répondre.

Mme DUNOYER.

Quoi, mon ami, tu t'y déciderais d'après un article de journal ?

Mme BLAINVILLE.

Je croyais que madame garderait au moins une complète neutralité.

Mme DUNOYER.

C'est que, madame, tout ce qui tient à la considération.... d'un mari.... m'est beaucoup moins indifférent..... qu'à d'autres.

Mme BLAINVILLE (*en baissant la voix*).

En affaires de service.

Mme DUNOYER.

Madame....!

DUNOYER (*qui a décacheté une dépêche, dit avec un grand sérieux, après l'avoir lue*).

Ah ! messieurs, voici du nouveau.

BLAINVILLE ET SAINT-AMOUR.

De quoi s'agit-il?

DUNOYER.

M. le premier président et moi, en vous promettant à l'un
et à l'autre une présentation en première ligne, ne comptions
pas sur une éventualité qui vient y mettre obstacle.

TOUS.

Comment cela?

DUNOYER.

Par la dépêche que voici, M. le chef du personnel me
prie..., de la part de M. le garde des sceaux...., de faire figu-
rer sur mes présentations...., en rang utile...., pour la place
de président de chambre, M. le bâtonnier de l'ordre des avocats.

TOUS.

Le bâtonnier!

Mme DUNOYER.

Tu t'étonnais de ce que le barreau.... avait l'air de croire!

DUNOYER.

Ah! qui pouvait penser qu'un simple avocat!

Mme BLAINVILLE.

Grâce à Dieu, M. Blainville ne l'a jamais été.

Mme DUNOYER.

Tant pis: comme défenseur, il aurait pu sauver quelquefois
ceux qu'en sa qualité de juge il fait si habilement condamner.

DUNOYER.

En parlant de M. le bâtonnier, M. le chef du personnel
ajoute: « Le gouvernement serait bien aise de récompenser
un aussi grand mérite. »

BLAINVILLE.

Et de payer certains services.

SAINT-AMOUR.

Mais, monsieur le procureur général, ce n'est là qu'une
prière qui ne peut gêner votre indépendance. Vous ne cesserez
pas de vouloir, sans doute....

DUNOYER.

Obéir à M. le garde des sceaux, monsieur....! Mais comme cette obligation arrête, ou ajourne, du moins, le projet de combinaison dont je m'occupais depuis longtemps, rien ne s'oppose, madame Dunoyer, à ce que nous nous rendions l'un et l'autre à l'invitation de Mme Blainville.

Mme DUNOYER.

Y penses-tu, mon ami, une fête chez madame, après ce que tu viens de dire....! Mais pour dédommager déjà l'un de ces messieurs, tu pourrais demander l'envoi de M. de Saint-Amour dans un ressort où son avancement trouvât moins d'obstacles, ainsi que tu en avais eu la pensée.

Mme BLAINVILLE.

Quoi, monsieur le procureur général....

Mme DUNOYER.

Voulait vous donner au moins cette preuve du désir qu'il a de vous être agréable.

DUNOYER.

Nous y songerons après la fête de madame.

Mme DUNOYER.

Après....! A mon tour, dans tous les cas, je te déclare que tu peux y aller seul.

Mme BLAINVILLE.

Je ne me permettrai pas d'insister, madame...., et, moi-même, je sens que, privée du plaisir de vous recevoir, je dois contremander toutes mes invitations.

BLAINVILLE.

Ainsi, ma chère moitié, vous en êtes pour vos préparatifs, Saint-Amour et moi pour nos espérances, M. le procureur général pour sa combinaison (*à Mme Dunoyer*) et madame....?

Mme DUNOYER.

Comme tout le monde, pour quelques déceptions; car
L'homme propose, Dieu dispose.

LA PETITE GARNISON,

ou

QUAND ON NE PEUT MIEUX FAIRE, ON FAIT CE QUE L'ON PEUT.

PROVERBE VAUDEVILLE ET FOLIE.

NOTE SUR LE CINQUIÈME PROVERBE.

—◇—

Le vieux procureur est un type que l'ancien régime a légué au nouveau, mais dont celui-ci n'a hérité que sous bénéfice d'inventaire. Car, il faut le reconnaître, l'avoué de nos jours est loin d'être atteint par l'opinion comme l'a été le procureur d'autrefois ; on doit même ajouter que cette classe d'officiers ministériels vaut encore mieux, en réalité, que sa réputation. Il est pourtant vrai de dire que, dans le nombre, il en est malheureusement quelques-uns, plusieurs peut-être, dont les mauvaises habitudes jettent un reflet défavorable sur le corps entier. C'est l'une de ces fâcheuses exceptions dont l'esquisse a été essayée dans le proverbe intitulé LA PETITE GARNISON. Il faudrait bien se garder d'y voir un portrait commun. Pour qu'une distinction convenable pût être faite, on a eu soin d'indiquer l'espèce de réprobation dont il était puni par ses confrères et les causes honorables pour eux de cette réprobation. Ce croquis est renfermé dans un cadre avec lequel il n'a aucune espèce d'homogénéité. On ne peut rien dire pour expliquer cette dissemblance : c'est au lecteur de savoir s'il la supporte ou non.

8

PERSONNAGES.

—

DUCLAIR,
FRANCOEUR, } *jeunes officiers.*
LINVAL,
DESROLES, *avoué.*
BONNATOUT, *perruquier, tailleur, fripier, etc.*
DEUX DOMESTIQUES, *personnages muets.*

———

La scène se passe dans une petite ville de province.

LA

PETITE GARNISON,

ou

QUAND ON NE PEUT MIEUX FAIRE, ON FAIT CE QUE L'ON PEUT.

PROVERBE VAUDEVILLE ET FOLIE.

Le théâtre représente un salon; porte au fond, une à gauche du
spectateur; à droite une psyché ou glace, un guéridon au milieu
du salon; sur le guéridon, un bol de punch que Francœur fait
flamber. Assis sur un canapé, vis-à-vis Francœur, Linval tient une
guitare à la main.

SCÈNE Iʳᵉ.

LINVAL, FRANCOEUR.

FRANCOEUR.

Que la vie d'un sous-lieutenant en garnison dans une petite
ville est désagréable! Il vaudrait cent fois mieux être à la
barbe de l'ennemi, quand ce serait de ces ignobles Bédouins.
La gloire, au moins, y dédommage des privations.

LINVAL.

Belle gloire, que celle d'être un jour pendu à la selle d'un de ces messieurs !

FRANCOEUR.

Je ne sais pas à quoi tu te pendras ici, maître flâneur !

LINVAL.

Tu te prépares, toi, un autre genre de supplice; mais au lieu d'y exposer ta vie, tu te contentes....

FRANCOEUR.

D'y perdre la raison, n'est-ce pas? Tu as bonne grâce, et tu garantis mieux la tienne, en vérité, avec ta disposition à filer le sentiment partout où tu te trouves! Mais te voilà, pour quelque temps, réduit à vivre de souvenirs. Dans une bicoque comme celle où nous sommes colloqués, le moyen de nouer une intrigue qui en vaille la peine! Si du moins l'on nous avait laissés quelque temps encore à Marseille !

LINVAL.

Tu désirais tant d'en partir !

FRANCOEUR.

Moi, sans doute; mais c'était uniquement pour.... changer de place.

LINVAL.

Et justifier le proverbe : Le soldat est bien où il n'est pas.

FRANCOEUR.

Ma foi! tu as raison. Il n'y a qu'une chose pour laquelle je me sente une constance à toute épreuve, et puisqu'on dit que le bonheur n'est qu'un rêve, tu conviendras que je puis préférer à tout, ce qui me fait le plus rêver.... (*Il verse du punch dans deux verres, en présente un à Linval, et, lui tendant après cela le sien, il ajoute*).... A ta santé, ami Linval!

LINVAL.

A la tienne, mon cher Françœur.... et à la dame de mes pensées !

FRANCOEUR.

Oh! par exemple, en voilà bien d'une autre! Est-ce que tu te piquerais de fidélité, à présent? Et croirais-tu à celle de ta belle Anastasie, par hasard?

AIR :

Oui, tu peux compter sur la belle :
Elle t'aimera constamment;
Une femme est toujours fidèle.....,
S'il ne survient pas d'autre amant.
Et ce que vient peut-être de t'écrire,
Mon cher ami, ta fidèle beauté,
Peut-être aussi vient-elle de le dire.....
A celui qui t'a supplanté.

LINVAL.

Tu ne nous rends pas la justice qui nous est due.... Anastasie m'aime toujours, j'en suis persuadé. De mon côté.... le chagrin qu'a dû lui causer notre séparation.... est un souvenir.... qui n'a pas cessé de me suivre.

FRANCOEUR.

Jusqu'à notre première halte, où tu cherchais à t'en distraire en pressant la taille de la fille qui nous servait à déjeuner.

LINVAL.

C'était un moment d'illusion !

FRANCOEUR.

Quelle illusion, morbleu ! une énorme citrouille pour une pomme d'api !

LINVAL.

Au surplus, je te l'avoue, la réflexion est venue à mon secours : j'ai compris qu'en nourrissant dans mon cœur un sentiment qui s'exhalerait en regrets et en soupirs inutiles, je ne ferais qu'une sottise......

FRANCOEUR.

Et tu as mieux aimé en faire deux : substituer une intrigue à une autre; mais ici.....! dans cette horrible bourgade !

LINVAL.

Ici même.

FRANCOEUR.

Nous venons d'y arriver, et tu as déjà fait une conquête ?

LINVAL.

Cela t'étonne.....! Me faut-il donc si longtemps ?

AIR :

J'allais toujours de conquête en conquête,
Dans tous les lieux où je portais mes pas ;
A cent beautés j'ai fait tourner la tête,
Et devant moi tout pliait, sans combats.
D'un autre, ami, je ne le croirais pas.....!
Ah ! cependant, à plus d'une victoire,
Il a parfois manqué le dénouement
Qu'interrompait un maudit roulement.
C'est qu'un tambour, ennemi de ma gloire,
Faisait alors filer le régiment.

FRANCOEUR.

Vingt-quatre heures de plus...... n'est-il pas vrai.....? Ah !
tu n'es pas soldat, toi !

LINVAL.

Oui, mon cher, une inconcevable fatalité m'a toujours entravé
dans mes succès.

FRANCOEUR.

Et une fatuité incorrigible t'a toujours aveuglé dans tes prétentions. Vous vous persuadez, messieurs les officiers, qu'il
n'y a rien de beau comme vos épaulettes, rien de séduisant
comme vos œillades.

LINVAL.

Allons, n'iras-tu pas nous mettre en parallèle avec des bourgeois ?

FRANCOEUR.

Oui, l'on vous préférera quelquefois pour une contredanse,
une valse, une polka ou un fade échange de sentimentalités ;
mais comme, dans la réalité de l'existence, le sentiment lui-
même devient de plus en plus positif, on accueillera mieux
en général un médecin, un notaire, un industriel quelconque,
et surtout un financier.

LINVAL.

Ah! mon Dieu, je pardonne de grand cœur à toutes les notabilités de l'ordre civil de finir par épouser les jolies femmes
que nous aurons courtisées.

FRANCOEUR.

En perspective...... et qui se seront moquées de vous...... à
bout portant : car c'est là votre lot. Vous n'êtes dans le monde
que des chevaux de parade...... tout au plus par hasard des
chevaux de renfort, jusqu'à ce que, devenus des rosses sans
valeur, vous vous atteliez, en qualité de mari, à quelques
vieilles marchandes de caoutchouc, ou au sixième enfant d'un
rat de cave en retraite.

LINVAL.

Je suis persuadé que le nouvel objet de ma tendresse ne
doit pas être rangé dans cette triste catégorie.

FRANCOEUR.

Ta discrétion habituelle te permet probablement de le
faire connaître.

LINVAL.

Je sais qu'elle se nomme Adéline et qu'elle est la nièce d'un
avoué.

FRANCOEUR.

D'un avoué, malheureux! d'un avoué! Tu veux faire la
cour à la nièce d'un avoué, et tu ne crains pas....!

LINVAL.

Quoi ?

FRANCOEUR.

Un procès, s'il apprend que tu as de la fortune, et un
mariage si sa nièce n'a pas le sou !

LINVAL.

J'éviterai bien, je crois, ces deux écueils; et, dans tous les
cas, je les braverai l'un et l'autre, si, comme je l'espère, la
nièce est aussi belle qu'elle paraît peu farouche.

FRANCOEUR.

Ne l'aurais-tu pas vue, par hasard, et serais-tu amoureux
seulement pour n'en pas perdre l'habitude?

LINVAL.

A peu près. A te dire la vérité, il ne m'a pas encore été possible de m'en approcher comme je l'aurais voulu. Je ne l'ai aperçue que de loin, ou bien un voile jaloux et perfide m'a dérobé une partie de ses charmes.

FRANCOEUR.

Ce qui présage qu'elle est laide à faire peur.

LINVAL.

Allons donc! ce n'est que de la coquetterie de petite ville. On se cache pour stimuler davantage les désirs et la curiosité. Mais j'ai soupiré la tendre romance et fait résonner les cordes de mon luth sous sa fenêtre.

FRANCOEUR.

De ton luth....! de ta guimbarde! comme au temps de Henri II.

LINVAL.

J'ai successivement hasardé le madrigal, soi-disant improvisé, et l'épitre sentimentale.

FRANCOEUR.

Tu es décidément de ceux qui veulent ressusciter l'empire et remonter même jusqu'à M. de Florian.

LINVAL.

Un vieux coquin, dont j'ai rencontré partout la figure, m'a remis la réponse que voilà, et qu'il m'a fort bien fait payer un napoléon.

FRANCOEUR.

Un napoléon! c'est un peu cher pour ce que ça vaut. Car un poulet de provinciale, c'est toujours de la compote de courge assaisonnée de jus de navets. Mais l'on accueille les hommages, cela va sans dire. Passons aux promesses, aux concessions, que sont-elles?

LINVAL.

Les concessions, les promesses; ah, mon cher, elles sont ravissantes; on me permet déjà....

FRANCOEUR.

Eh bien!

LINVAL.

De parler à M. Desroles.... de mes vœux, de mes projets, de mes espérances....

FRANCOEUR.

Et ce M. Desroles, c'est sans doute ce vieux coquin qui fait auprès de toi le rôle éminemment honorable de....

LINVAL.

Non, ce n'est pas celui-là : c'est l'oncle de la jeune personne....

FRANCOEUR.

L'avoué....! ah, c'est bien différent ! et je te félicite, mon ami, du succès prodigieux que tu as obtenu. Permets-moi d'en célébrer ma joie par cette petite libation. *(Il boit du punch.)*

LINVAL.

Tiens, Francœur, j'ai composé pour Adéline une petite romance dans le goût tout à fait nouveau. Il faut que tu m'en donnes ton avis.

FRANCOEUR.

Sur ta musique et ta poésie ! merci ! Fais-moi, si tu le peux, ramener aux galères ; ou plutôt chante, râcle, mon cher Linval ; moi, je vais t'accompagner.

(Pendant que Linval chante, Francœur continue à boire. On trouvera au besoin une romance à la fin du proverbe.)

SCÈNE II.

LES PRÉCÉDENTS, DUCLAIR, BONNATOUT, DEUX DOMESTIQUES.

(Bonnatout et les domestiques apportent des habits, des robes, des chapeaux, etc. Ils les déposent dans l'appartement qui est à droite du spectateur. Les domestiques sortent immédiatement après avoir déposé ces objets.)

FRANCOEUR.

Mais voici Duclair....! Que diable signifie cet attirail ? T'es-tu fait marchand fripier ?

DUCLAIR.

Grâce à Dieu, mes chers amis, je suis venu à bout d'une partie de mes projets ; mais je sue sang et eau.

FRANCOEUR *(lui présentant un verre de punch).*

Voilà pour te rafraîchir.

LINVAL *(reconnaissant Bonnatout).*

Tiens ! Voilà mon Mercure !

FRANCOEUR *(le reconnaissant aussi).*

Mon marchand de vin de champagne à 2 fr. 25 cent. que l'industriel fait avec la piquette du pays.... sans brevet d'invention.... C'est égal, sans rancune, l'ancien. *(Il lui présente aussi un verre de punch).*

BONNATOUT.

Ah ! messieurs, c'est trop aimable à vous de vouloir bien vous souvenir des petits services que j'ai été dans le cas...

LINVAL.

De nous vendre, mon vieux, un peu cher !

BONNATOUT.

Que voulez-vous ! Le hasard ne m'a pas seulement donné la peine de naître escorté de dix mille livres de rente, comme certaines gens qui font sonner si haut leur générosité et leur désintéressement. Lancé dans le monde avec les seules ressources de la nature, mes deux bras et mon intelligence, il faut bien que je recoure à l'industrie pour échapper à la misère. Le plus rigide de nos publicistes n'a-t-il pas, d'ailleurs, proclamé de bien haut cette maxime qui, elle aussi, a bien sa part sur les résultats de l'esprit public : Enrichissez-vous !

AIR :

Il me serait assez commode
De bien vivre en ne faisant rien ;
Mais, pour suivre cette méthode,
Suffit-il d'être homme de bien ?
Tel aujourd'hui dont l'arrogance
Vante partout sa probité,
N'est honnête et dans l'opulence
Que pour ne l'avoir pas été.

DUCLAIR.

Vous le voyez, mes amis, le papa Bonnatout a de trop bons principes pour ne pas aller loin et haut.

BONNATOUT.

Il tient surtout à se rendre agréable et utile aux nobles défenseurs de la patrie : vous pouvez disposer de lui dans toutes les occasions. *(Il salue et sort.)*

SCÈNE III.

LES PRÉCÉDENTS, EXCEPTÉ BONNATOUT.

FRANCOEUR *(regardant aller Bonnatout)*.

Flatteur, vil, fripon, et n'être encore que misérable, ma foi il pourrait bien n'être aussi qu'un sot.

DUCLAIR.

Ne te fie pas aux apparences. La gueuserie n'est souvent qu'un indice équivoque de la misère : gardons avec lui quelques ménagements. Après avoir été utile à nos plaisirs, il peut, un jour, servir à nos besoins.

LINVAL.

J'entends : c'est un de ces honnêtes banquiers marrons qui frémissent à l'idée de voir imposer le capital.

FRANCOEUR.

Et qui craindraient bien davantage l'impôt proportionnel aux intérêts.

DUCLAIR.

C'est, dans tous les cas, un homme précieux. Grâce à lui, nous pourrons passer agréablement nos soirées de carnaval.

LINVAL ET FRANCOEUR.

Et comment?

(Linval se place à gauche de Duclair. Francœur reste à sa droite et boit du punch de temps en temps.)

DUCLAIR.

Comment, mes chers camarades....? En nous livrant au délassement le plus honnête, le plus utile, le plus généralement aimé : en jouant la comédie.

LINVAL.

Y songes-tu?

FRANCOEUR.

C'est cela : la comédie bourgeoise jouée par des troupiers.

DUCLAIR.

Dis donc la comédie de société jouée par tout le monde, ou plutôt que tout le monde ne peut pas jouer, parce que c'est un plaisir délicat qui n'est réservé que pour l'élite de la bonne compagnie.

LINVAL.

Et qu'en s'y livrant, elle ne sort presque pas du cercle de ses habitudes.

FRANCOEUR.

Mais c'est de nous que tu veux faire des comédiens?

DUCLAIR.

Assurément, et nous serons en mesure avant peu. Il ne nous manque pour cela que quelques bagatelles...., une salle, des décors, un orchestre, des actrices et des pièces. A cela près, nous avons tout ce qu'il nous faut.

LINVAL.

Voilà un directeur de théâtre bien approvisionné.

DUCLAIR.

Directeur....! oui, j'en accepte.... J'en usurpe au besoin les fonctions. L'usurpation est le plus sacré des droits.

FRANCOEUR.

Comme l'insurrection est le plus saint des devoirs.

DUCLAIR.

La mienne se justifiera, du moins.

LINVAL.

Tout se justifie par le succès. Mais qui peut te le garantir?

DUCLAIR.

Bonnatout, qui est à la fois fripier, tailleur, perruquier et père, à ce qu'il croit, de deux jolies couturières, nous a procuré, moyennant un loyer honnête, une partie des costumes dont nous avons besoin ; nous pourrons suppléer au reste.

FRANCOEUR.

Par quels moyens, je te prie, l'homme aux expédients? (*prenant un verre de punch*); car je recours vainement, pour mon compte, aux sources de l'inspiration.

DUCLAIR.

Quant à la salle, nous nous servirons de celle où se donnent ici les bals, les concerts, où se prennent aussi les graves délibérations du conseil municipal, et où l'on fait quelquefois danser les marionnettes.

LINVAL.

Ce sera peu la détourner de sa destination principale.

DUCLAIR.

Les coulisses, nous les barbouillerons nous-mêmes. La musique, nous avons celle du régiment. Les violons et les contrebasses se remplacent aisément par les clarinettes, les trombonnes, les ophicléides et, au besoin, par un triangle, un flageolet et un chapeau chinois.

FRANCOEUR.

Voilà de quoi produire une délicieuse mélodie.

DUCLAIR.

Le moindre de nos embarras sera celui de trouver des pièces.

LINVAL.

Chargerais-tu Francœur de les composer, par hasard?

FRANCOEUR.

Et d'en confier la musique à Linval?

DUCLAIR.

Nous ne serons jamais réduits à de telles extrémités.

AIR:

Tant d'écrivains ont enrichi la scène,
Que l'on ne peut en compter les succès;
Et de Thalie, Euterpe et Melpomène,
Les favoris sont surtout les Français.
Leurs noms fameux au temple de Mémoire
Ont de Clio fatigué les burins,
Et les écrits, monuments de leur gloire,
Sont dans toutes les mains.

LINVAL.

Grâce à son imagination, voilà déjà quelques obstacles surmontés. Mais comment triompher du plus difficile? Comment associer à son entreprise ce qu'il y a de plus utile et de plus favorable à la réussite de ses projets.... des femmes?

DUCLAIR.

Je me suis déjà creusé la tête pour aplanir cette difficulté; je n'ai pas encore pu en venir à bout. J'espérais toujours que, dans ce sexe enchanteur dont le plus grand désir comme l'éternel pouvoir est de plaire, il se trouverait quelques personnes assez charitables pour venir à notre aide. J'ai pour cela parcouru tous les étages de la société de cette petite ville. Du salon du premier personnage de la cité, je suis descendu jusque dans le modeste atelier des filles de Bonnatout. J'ai essayé, demandé, supplié.... vains efforts....! Jouer la comédie! ah! mon Dieu, que dirait-on de moi?

FRANCOEUR.

Ah! ah! ah! les cancans! les cancans! on a peur des cancans. Il n'y a que cela précisément qui m'engagerait à me prêter à ses extravagances; car j'adore les cancans, moi, et j'y suis d'une assez jolie force, quand j'ai pu, comme à présent, y préparer ma verve.

DUCLAIR.

Dans les petites villes comme celle-ci, on aime d'autant plus le spectacle que c'est un plaisir dont on est presque toujours privé. Lorsque des sociétés s'y organisent pour jouer la comédie, la désunion ne tarde pas à s'y introduire. La distribution des rôles, le choix des costumes, la rivalité entre les hommes, la jalousie des femmes, les caquets qui suivent les représentations sont autant d'occasions de discorde.

LINVAL.

Tu nous donnes là une perspective très-digne d'encouragement.

DUCLAIR.

Elle n'est pas un pronostic pour nous; et peut-être cela doit-il nous consoler de n'avoir pas d'Hélène qui fasse de nos réunions deux camps de Grecs et de Troyens.

FRANCOEUR.

Alors, je vois bien que nous n'aurons pas besoin d'un Homère pour chanter nos exploits.

DUCLAIR.

A défaut d'Homère, nous avons pour nous le grand Corneille :

A vaincre sans péril, on triomphe sans gloire!

Oui ; nous nous composerons un répertoire de pièces appropriées aux circonstances. Quelques camarades nous aideront. Toi, mon cher Linval, fidèle à tes goûts, à tes habitudes, tu feras les jeunes premiers. Je me charge, moi, de tous les rôles difficiles, des comiques surtout, des pères nobles au besoin, et de toutes les utilités, s'il le faut. Faute de mieux, nous ferons jouer alternativement les duègnes, les grandes coquettes, les amoureuses et les ingénues par Francœur.... *(A Linval.)* Celle-là, du moins, ne te fera pas perdre la tête.

LINVAL.

Non, ma foi !

FRANCOEUR *(à Duclair)*.

Monsieur le mauvais plaisant, je t'ai écouté avec patience tant qu'il est resté du liquide dans le bol ; à présent qu'il est à sec, tes rêves et tes projets n'ont plus rien qui m'intéresse..... Cherche ailleurs tes duègnes, tes grandes coquettes et tes amoureuses ; il ne t'en manquera pas. Cherche aussi tes ingénues, si tu peux en trouver. *(Il sort.)*

DUCLAIR *(courant après lui)*.

Comment, tu nous quittes ?

LINVAL.

Ce n'est pas sans raison. Ni moi non plus, certes, je n'irai pas consacrer à tes folies un temps que je puis employer d'une manière beaucoup plus agréable. *(Il sort.)*

DUCLAIR *(courant aussi après lui)*.

Toi aussi tu t'en vas ?

SCÈNE IV.

DUCLAIR, *seul.*

Les barbares.....! ils m'abandonnent.....! Ils ne se doutent pas, il est vrai, du plaisir qu'il y a de jouer la comédie. Certaines gens regardent cela comme un travers. C'est que la vanité trouve si bien son compte à faire fi de ce qu'elle ne peut atteindre......! Que l'on ne veuille pas être comédien, je le conçois.... Mais encore.... cette profession ne suppose-t-elle pas autant d'intelligence que beaucoup d'autres....? L'opinion cependant y a placé un abime entre la médiocrité et la perfection. Oh ! sans cette injuste tyrannie du préjugé, oui, je serais acteur. J'aspirerais à la gloire des Le Kain, des Préville et des Talma. Elle en vaut bien d'autres et ne coûte pas à l'humanité comme celle des héros ou même celle de certains tribuns. Ma foi, à défaut de la gloire, recherchons le plaisir.... Je m'amuserai moi-même, au moins, si je ne puis pas amuser les autres.

AIR :

Je cède au démon qui m'inspire
Et qui s'est emparé de moi ;
Oui, je m'abandonne au délire
Dont Talma subissait la loi.
Je n'en aurai pas le déboire ;
Je jouerai seul...., c'est un malheur ;
Mais si je n'ai pas d'auditoire,
Je ne craindrai pas un siffleur.

Talma....! ce grand tragédien dont le beau talent était aussi, à une époque de tant de gloire, une de nos gloires nationales ! Qu'il devait être magnifique dans l'un de ses rôles favoris ! Oh ! comment rendait-il ces beaux vers de

(Duclair déclame quelques vers d'une tirade tragique ; mais à moins que la personne chargée du rôle ne veuille profiter du cadre que ce rôle lui trace, pour faire preuve d'un talent particulier pour la déclamation, elle doit se borner à réciter peu de chose. Reprenant ensuite le ton de la gaîté, elle chante le couplet suivant :)

N'abordons pas la grave Melpomène ;
De la folie agitons les grelots,
Et n'allons pas, sur cette simple scène,
Nous aviser de trancher du héros.

Sur le théâtre, ainsi que dans le monde :
La perspective est utile au succès ;
Car bien des grands que l'on cite à la ronde,
Sont fort petits quand on les voit de près.

Oui..., je veux m'essayer seulement dans un rôle comique.
Choisissons un passage des chefs-d'œuvre de nos grands
maîtres. Voyons :

AIR :

Alceste est d'un trop haut comique,
Le Méchant, un peu sérieux,
Le Joueur est presque tragique,
Tout est froid dans le Glorieux ;
Je puis du Tartufe, pour rire
Seul, réciter les vers charmants ;
Mais, en public, combien de gens
Y trouvent toujours leur satire.

Ma foi ! je m'arrête à la *Métromanie*. Damis est mon personnage favori. Je ne connais pas au théâtre un rôle qui soit écrit
avec plus de verve poétique. Mais, comme il faut autant que
possible de l'illusion en tout, je vais quitter ma tunique, mon
sabre et mes épaulettes, pour prendre l'habit bourgeois....
(il va prendre et se passe un habit noir)... Il est assez râpé
pour avoir l'air d'appartenir à un poète... d'autrefois...! Diable ! ceux d'aujourd'hui rivalisent d'aisance et de fashion avec
les épiciers... Mettons-nous en scène, et supposons que ce
bol de punch est mon oncle. *(Il déclame le fameux morceau
de la* Métromanie :

L'avocat se peut-il comparer au poète?)

SCÈNE V.

DUCLAIR, DESROLES.

DESROLES *(dans le fond)*.

Je me trompe. On m'avait cependant bien indiqué cet
appartement.

DUCLAIR, *à part.*

Quel est cet original qui vient m'interrompre ?

9

DESROLES *(saluant)*.

Monsieur, je vous demande mille pardons... On m'avait assuré que la personne que je cherche demeurait ici; je m'aperçois de mon erreur, car monsieur a plutôt l'air d'appartenir à la robe qu'à l'épée.

DUCLAIR *(à part)*.

A la robe... *(haut)*... Oui, monsieur... oui, j'appartiens... essentiellement à la robe... Que puis-je faire pour vous être agréable... car je serais ravi, enchanté, de mettre toute ma bonne volonté à votre disposition; *(à part)* oh, parbleu! faisons-lui jouer un moment la comédie malgré lui.

DESROLES.

Monsieur, je suis extrêmement flatté... reconnaissant...

DUCLAIR.

Comment, monsieur! mais quand on a une physionomie aussi heureuse... aussi prévenante que la vôtre... *(à part)*... empêchons-le de se voir dans la glace.... *(haut)* certainement il n'est rien qu'au premier abord on ne fasse... il n'est rien qu'on ne donnât... *(à part)*... mystifions le citoyen... *(haut)*... pour mériter votre confiance.

DESROLES.

Monsieur n'est donc pas militaire?

DUCLAIR.

Militaire...! non, non, certes, je ne suis pas militaire... Les apparences pourraient vous persuader le contraire... Mais je n'ai servi que dans la garde nationale...; or, vous savez qu'il n'y a rien de moins militaire que cela.... J'ai même contre les militaires en général une antipathie très-prononcée.

DESROLES.

Elle est bien justifiée par leurs mœurs et par leurs habitudes.

DUCLAIR.

Mœurs détestables, habitudes perverses!

DESROLES.

Hardiesse qui ne respecte rien!

DUCLAIR.

Audace qui va jusqu'à l'impertinence!

DESROLES.

Ils ne font aucun cas des convenances sociales.

DUCLAIR.

Ils se moquent des gens, même à leur barbe.

DESROLES.

Que je suis heureux, monsieur, de rencontrer en vous cette conformité d'opinions avec les miennes !

DUCLAIR.

Nous aurons certainement puisé nos principes à la même source.

DESROLES.

Il y a sans doute de l'analogie dans nos positions.

DUCLAIR.

Je me plais à le croire, monsieur.... *(A part.)* S'il allait me prendre pour un médecin, car il m'a tout l'air d'un apothicaire.

DESROLES.

Pourrais-je savoir, monsieur, à qui j'ai l'honneur de parler?

DUCLAIR *(à part).*

Déroutons-le.... *(Haut.)* Monsieur, je suis.... avocat. *(A part.)* Ce ne doit pas être difficile, il y en a tant !

DESROLES.

Avocat, monsieur...! avocat...! c'est le plus beau titre que l'on puisse porter.

DUCLAIR.

C'est celui que prennent, en effet, bien des personnes.

DESROLES.

Depuis celles qui parviennent à tout jusqu'à celles...

DUCLAIR.

Qui ne sont capables de rien.

DESROLES.

Ah! monsieur, ce n'est pas à vous, j'en suis persuadé, que peut se faire l'application de cette épigramme.

DUCLAIR.

Il est vrai qu'on a bien voulu parfois m'accorder quelque
confiance et quelque attention.

DESROLES.

Je n'en doute pas, et je suis d'autant plus enchanté de cette
rencontre, que, moi aussi, j'ai l'honneur de faire partie du
barreau. Je me nomme Desroles, et suis avoué au tribunal
de cette ville.

DUCLAIR, *surpris*.

Avoué...! vous êtes avoué! (*à part*) Ah diable! il jouera
mieux son rôle que moi.

DESROLES.

Oui, monsieur, je suis avoué... le doyen du tableau, et
cependant je n'ai jamais fait partie de la chambre de discipline.

DUCLAIR.

Mais c'est une injustice révoltante !

DESROLES.

C'est, vous l'avez déjà deviné, le résultat de la jalousie de
mes confrères.

DUCLAIR.

Jalousie ! ver rongeur de toutes les professions !

DESROLES.

Il dévore la nôtre, monsieur, presque autant que celle des
médecins.

DUCLAIR.

Et de quels prétextes se sert-on pour vous refuser une
distinction que vous méritez sans doute?

DESROLES.

On m'accuse d'aller au-devant de la clientelle.

DUCLAIR.

Comme si ce n'était pas plus avantageux pour elle que de
lui donner la peine d'arriver.

DESROLES.

On dit que dans toutes les affaires, je les surcharge à tout
propos d'écritures, de formalités, d'incidents, d'exceptions.

DUCLAIR, *embarrassé.*

D'incidents... d'exceptions....

DESROLES.

De déclinatoires, de préparatoires, d'interlocutoires surtout.

DUCLAIR, *à part.*

Ah! mon Dieu! sauvez-moi du grimoire.

DESROLES.

On prétend que je relève et trouve des nullités partout.

DUCLAIR.

Des nullités...! Il est certain qu'il n'en manque pas aujourd'hui.

DESROLES.

Ainsi j'espère, monsieur, que vous ne vous laisserez pas prévenir contre moi par tout ce que l'on ne manquera pas de vous débiter sur mon compte. Je me plais à croire aussi que vous ne serez pas comme beaucoup d'avocats.

DUCLAIR.

Oh! je diffère d'eux essentiellement.

DESROLES.

Vous n'aurez pas leur morgue et leur fierté; vous ne regarderez pas la profession d'avoué comme infiniment inférieure à la vôtre; vous ne placerez pas votre éloquence et votre savoir trop au-dessus de leur expérience?

DUCLAIR.

Bien au-dessous, monsieur, bien au-dessous.

DESROLES.

Ah! c'est beaucoup trop d'humilité. A vous entendre parler ainsi, on aurait, à coup sûr, bien de la peine à vous croire avocat. Mais avec de pareils sentiments, vous ne pouvez qu'avoir un grand nombre de causes, car ce sont les avoués qui en disposent en partie. Il n'est pas possible qu'ils ne vous tiennent pas compte de la manière dont vous savez apprécier votre position et la leur. Combien ils doivent trouver de différence entre vous et vos collègues! Cependant,

AIR : *De Marianne.*

L'avocat ne veut pas démordre
Du pas qu'il doit avoir sur nous ;
Des priviléges de son ordre,
Il a raison d'être jaloux.
Mais en secret,
Son intérêt
Doit, avec nous, le rendre un peu discret.
Son étalage
De verbiage
Ne vaut pas mieux
Que nos dossiers poudreux.
Et le lien qui nous rassemble,
Monsieur, c'est la grande raison
Qu'il faut, pour bien plumer l'oison,
Le plumer tous ensemble.

DUCLAIR.

Voilà des maximes de délicatesse... ou tout au moins de
haute raison, dont j'apprécie bien le mérite.

DESROLES.

C'est l'application surtout qui en est importante, et sans
doute il est à désirer que nos professions aient constamment
l'une pour l'autre les égards qu'exigent d'aussi puissants motifs. Monsieur ne vient pas apparemment se fixer dans notre
petite ville : c'est un théâtre trop peu digne de lui. Le pays est
trop pauvre et les plaideurs y paient fort mal.

DUCLAIR.

Je ne suis ici qu'en passage.

DESROLES.

Monsieur est peut-être établi dans le ressort ?

DUCLAIR *(dont l'embarras va toujours augmentant).*

Dans le ressort...! *(A part)* Que veut-il dire...? *(Haut)* Dans
le ressort....? oui... oui.... je suis établi dans le ressort....
(A part) Le diable m'emporte si je sais...

DESROLES.

Et monsieur fait sa résidence au siége....

DUCLAIR.

Comment, au siége !

DESROLES.

Au siége de la cour, sans doute.

DUCLAIR.

De la cour !

DESROLES.

Je dois avoir entendu parler de monsieur plus d'une fois. Mon correspondant l'aura même chargé de quelques procès de mon étude.... C'est moi...., croyez-le bien...., qui le lui aurai expressément recommandé. Ces messieurs d'appel s'arrogent auprès des avocats le mérite de leur donner des affaires....; mais ils ne le font, le plus souvent, qu'à l'indication de l'avoué de première instance ; car celui-ci est le véritable maître de la cause...., le *dominus litis.* Lui seul est en rapport avec les parties. C'est par son intermédiaire qu'arrivent à la cour les assignations, les pièces, l'argent.

DUCLAIR.

Oh! les pièces et les assignations y parviennent toujours avec assez d'exactitude.

DESROLES.

L'argent se fait bien attendre quelquefois. D'ailleurs, le premier que nous touchons....

DUCLAIR.

N'est pas fait pour aller plus loin.

DESROLES.

Ainsi, monsieur habite une des plus agréables villes de France, peut-être?

DUCLAIR.

Paris, je pense, ne le cède à aucune autre.

DESROLES (*étonné*).

Paris....! J'avais cru comprendre que monsieur exerçait au chef-lieu du ressort de notre cour d'appel...., à Grenoble.

DUCLAIR.

Non, monsieur, je suis fixé à Paris.... (*A part*) L'imbroglio commence à me fatiguer.

DESROLES (*à part*).

Il est bien distrait : manie d'avocat! (*haut*) Que vous êtes

heureux d'habiter la capitale. Vous y êtes au centre des lumières et des richesses : c'est là qu'il vaut la peine de s'occuper
de ventes judiciaires. Quel est le terme moyen des produits
d'une expropriation forcée pour l'avoué poursuivant?

DUCLAIR.

Mais.... 50 fr. environ.

DESROLES *(stupéfait)*.

(A part) Il n'y est plus! il n'y est plus! *(Haut)* Je vois que
monsieur ne s'occupe guère de formalités.

DUCLAIR.

Très-peu, je vous assure.

DESROLES.

Monsieur s'adonne-t-il à la plaidoirie, ou à la consultation?

DUCLAIR.

(A part.) Maudit bavard, finiras-tu...! *(Haut.)* Je préfère de
beaucoup la plaidoirie.

DESROLES.

Voilà une très-bonne fortune pour nous : vous nous procure-
rez le plaisir de vous entendre. Un avocat de Paris devant notre
tribunal! Les autres arrondissements en auront un dépit, une
jalousie! C'est égal, on viendra de toutes les parties du département pour vous écouter.

DUCLAIR.

Pour m'écouter!

DESROLES.

Pour vous admirer! On admire toujours ce qui vient de
loin...., de Paris surtout. J'ai une superbe cause à votre disposition. Tout le monde prétend que je dois la perdre. Mais,
bah! jamais le tribunal n'oserait condamner un célèbre avocat
de la capitale.

DUCLAIR.

Il me serait impossible de m'en charger. Depuis longtemps,
une maladie du larynx.... *(il tousse)* une cruelle maladie du
larynx....

DESROLES.

Vous met dans le cas peut-être de vous consacrer uniquement à la consultation?

DUCLAIR.

A la consultation, c'est cela.

DESROLES.

Ah! monsieur, c'est le ciel qui vous envoie, et qui me procure le bonheur de vous rencontrer. Vous ne me refuserez pas le secours de vos lumières dans une affaire qui m'intéresse personnellement.

DUCLAIR *(à part)*.

Ouf....! me voilà pris....!

DESROLES.

J'ai, pour mon malheur, une ancienne pupille, une nièce dont l'imagination a été gâtée par la lecture des romans.

DUCLAIR.

Il s'en fait tant, et de si mauvais !

DESROLES.

Toutes les fois qu'il nous arrive une nouvelle garnison, elle se prend d'une belle passion pour quelque officier.... C'est aux officiers qu'elle en veut.

DUCLAIR.

Vraiment....! Eh! je ne désapprouve pas trop son goût.

DESROLES.

Elle trouve aux jeunes gens de ce pays quelque chose de trop prosaïque. Elle n'a jamais manqué à ses devoirs sans doute, d'une manière essentielle.... Mais je crains....

DUCLAIR.

Que son exaltation poétique à elle, ne la mène un peu loin. Il faut la marier, monsieur; il faut la marier. Le mariage, croyez-le bien, est le véritable antidote de la poésie. D'ailleurs,

AIR :

C'est un moyen que la prudence
Devra vous conseiller toujours ;
Non pas que de la médisance
Il arrête les sots discours ;
Mais quand la sagesse s'oublie,
Et que l'honneur vient à broncher,
Si l'amour fait une folie,
L'hymen est là pour la cacher.

DESROLES.

Oui...., oui.... : *pater is est*.... Je cherche précisément à marier ma nièce : elle ne demande pas mieux ; mais je crains que celui qui la courtise dans ce moment ne veuille pas y consentir plus que les autres. S'il était possible de l'y contraindre, à la faveur de sa correspondance que j'ai surprise.

DUCLAIR.

Vous en doutez !

DESROLES.

Hélas ! oui, j'en doute.... J'en doute beaucoup, même.

DUCLAIR.

Un grand personnage n'a-t-il pas dit : Donnez-moi deux lignes de l'écriture d'un homme, et je vous promets de le faire pendre ? Avec les mêmes ressources, pour un avoué, il doit bien y avoir de quoi faire marier sa nièce.

DESROLES.

Quel service vous me rendriez si, grâce à vos conseils, je pouvais en venir à bout ! Voici les lettres de l'officier.

DUCLAIR (*surpris*).

(A part) De Linval !

DESROLES (*qui a entendu*).

Linval, justement. Vous connaissez ce Linval ?

SCÈNE VI.

LES PRÉCÉDENTS, FRANCOEUR.

DUCLAIR.

(*A part*) Quel contretemps ! Voici Francœur gris.

FRANCOEUR (*il entre en chantant*).

AIR :

L'un veut jouer la comédie,
L'autre flâner dès le matin,
Quant à moi, je n'ai qu'une envie,
C'est de déguster du bon vin.

Oui, tout mon bonheur est à table,
Me griser est mon seul désir.
Je crois en Dieu par le plaisir,
Par la sagesse, je crois au Diable.

DESROLES (*bas à Duclair*).

Voyez comme ces militaires ont parfois des goûts désagréables.

FRANCOEUR (*en mezzo à parte*).

Quels sont ces deux pékins? La couleur de leurs habits ne m'annonce rien de bon. Ils m'ont tout l'air d'oiseaux de mauvais augure.

DESROLES (*bas à Duclair*).

Connaissez-vous cet officier?

DUCLAIR.

Oui, mais évitons une conversation avec lui dans l'état où il se trouve.

FRANCOEUR (*se frottant les yeux et regardant Duclair*).

Je sens bien que le punch, le madère, le café et le pousse-café m'ont un peu donné sur les yeux; mais, parbleu! je n'ai pas la berlue; c'est bien M. Duclair que j'aperçois!

DESROLES (*à part*).

M. Duclair... avocat... Inconnu... Ce n'est pas une raison pour qu'il en vaille moins.

DUCLAIR (*bas à Francœur*).

Je ne veux pas qu'un étranger, un bourgeois, te voie gris. (*à Desroles*) Souffrez, monsieur, que je vous accompagne (*il veut l'emmener*).

FRANCOEUR (*retenant Duclair*).

Que dis-tu là, l'ami? Si l'un de nous deux ne sait pas ce qu'il fait, ce n'est pas moi, je pense, mais toi, qui m'as tout l'air de vouloir jouer la comédie avec l'amateur (*montrant Desroles*). (*A Desroles*) Dites donc, citoyen, de quels rôles vous chargez-vous : vous ne devez pas mal vous tirer des pères ignobles.

DESROLES.

Monsieur! vos plaisanteries sont des insultes!

DUCLAIR, *à Desroles.*

N'y faites pas attention.

FRANCOEUR.

Tout doux, papa l'enflammé, tout doux ! quand il m'arrive de manquer à quelqu'un, je sais lui en rendre raison : c'est juste ; mais alors je ne le manque pas.

DESROLES.

Ma profession n'est pas de celles qui permettent d'accepter un cartel ou de monter sur des tréteaux. Je ne me bats pas plus que je ne joue la comédie. Je suis avoué, monsieur !

FRANCOEUR.

AIR :

Le mot est bon, sur ma parole ;
Je veux, parbleu! le retenir.
(A Duclair). Et si tu l'as mis dans son rôle,
Au parterre il fera plaisir.
Oui, j'aime fort la répartie
Et cette comique fureur.
Monsieur qui se dit procureur
Ne jouant pas la comédie.

DESROLES.

Monsieur, encore une fois...

DUCLAIR *à Desroles (bas).*

Ne répliquez pas, de grâce. Je vous promets qu'à jeun il reconnaîtra ses torts.

DESROLES.

Je ne dois pas me laisser mystifier de la sorte, monsieur l'avocat !

FRANCOEUR.

Monsieur l'avocat ! à merveille ! à merveille ! un avoué ! un avocat ! *(Il rit.)* Ah, ah, ah !

DUCLAIR *(bas à Francœur).*

Es-tu fou ? Il nous cherche pour cette lettre de change.

FRANCOEUR.

Bah.....! Du juif de Marseille....

DUCLAIR.

J'ai imaginé ce déguisement.....

FRANCOEUR.

Pour dépister le loup-cervier ; veux-tu que je le dispense de sortir...... par la porte ? Ce sera plus tôt fait.

DUCLAIR.

Garde-t'en bien, malheureux ! (*haut, à Desroles*) Je vous suis jusque dans votre étude, si vous voulez bien me le permettre, et j'aurai l'honneur de répondre à ce que vous m'avez demandé.

FRANCOEUR (*à Desroles*).

Désolé de vous avoir offensé, monsieur, et prêt à vous en donner toutes les satisfactions possibles.

DESROLES.

Ces seules paroles me suffisent. Je n'exigerai rien de plus, quoique je fusse certainement recevable et fondé.

FRANCOEUR.

A vos ordres : ne vous gênez pas. L'épée, le sabre, le pistolet.

DESROLES (*reprenant sa colère*).

Monsieur.....!

FRANCOEUR.

Le mousqueton, le tromblon, le fusil de rempart, la pièce de quatre si cela va mieux à votre main : choisissez !

DUCLAIR (*à Francœur*).

Assez, monsieur Francœur, assez !

DESROLES.

Soyez tranquille : je lui ferai connaître d'autres exploits que ceux auxquels il pense. Vous me comprenez, monsieur l'avocat.

DUCLAIR.

Je vous comprends, moi, sans doute (*bas à Francœur*) : et toi, comprends-tu ?

FRANCOEUR.

Comme toi.

Duclair et Desroles sortent ensemble.

SCÈNE VII.

FRANCOEUR, *seul.*

FRANCOEUR (*regardant sortir Desroles et Duclair*).

Ah, ah, ah ! L'aventure est impayable. Duclair avait raison
de vouloir jouer la comédie. Il s'en acquitte bien et son début
m'encourage.—Mais vouloir me faire jouer un rôle de femme!
Et mes moustaches ! Il faudrait les couper..... Les couper....!
Qui s'en aviserait.....? Cependant, je serais curieux de savoir
comment m'irait le costume. (*Il va aussi chercher parmi les
objets apportés par Bonnatout.*).... Parbleu, voici une douillette qui doit faire. La beauté qui la porte a justement la taille
de voltigeur...... (*Il se passe le vêtement, qui doit être choisi
de manière à l'envelopper complétement. Il chante après
l'avoir mis.*)

AIR :

Ce meuble est vraiment commode,
Et s'il dépendait de moi,
J'en ordonnerais la mode,
Au besoin, par une loi.
Au regard qui s'y repose
S'il cache quelques appas ;
Souvent il fait qu'on suppose
Des attraits....... qui n'y sont pas.

Essayons ce chapeau. Parfait ! Un voile délicieux ! — Un
peu épais, ce n'est pas sans raison, sans doute. Rien ne prête
à la coquetterie comme un voile. Que de femmes passent pour
jolies à la faveur de cette charmante parure ! (*Il se rapproche
de la glace.*)..... Il n'y a pas de femme au monde à qui son
miroir n'ait dit qu'elle était belle. Voyons si celui-ci me tiendra
le même langage...... (*Se mirant et contrefaisant la voix de
femme.*).... Fi! fi! C'est un menteur. Il dit que je suis laide....
Allons, ce personnage ne me convient pas.

AIR :

Il me manque le nécessaire ;
Je ne saurais m'en acquitter ;
Car, dans l'heureux talent de plaire,
Femme, rien ne peut t'imiter.

Non, je ne jouerais pas mon rôle,
En scène, comme au cabaret ;
Mais si j'y perdais la parole *(bis)*,
Cet habit seul *(bis)* me la rendrait.

J'entends quelqu'un..... Que va-t-on dire de me voir ainsi affublé.....? Bah ! c'est Linval. S'il allait devenir aussi amoureux de moi. *(Il abat son voile et se cache la figure tant qu'il peut.)*

SCÈNE VIII.

FRANCOEUR, LINVAL.

LINVAL *(dans le fond, sans voir d'abord Francœur).*

Tourner jusqu'à présent dans la rue comme un écureuil dans sa cage..... Et rien..... absolument rien..... Il paraît qu'il y a du nouveau dans la maison...... *(regardant Francœur)......* Mais que vois-je....? C'est elle-même.

FRANCOEUR *(à part).*

Il faut qu'il ait aimé bien des femmes dans sa vie, pour voir en moi l'une de celles qu'il a connues.

LINVAL.

Adorable Adéline !

FRANCOEUR.

Adéline Francœur : comme c'est romantique !

LINVAL.

Quoique votre billet ne me permît pas de douter que votre cœur n'était pas insensible à mon amour, c'est à peine si j'osais me promettre de contempler aujourd'hui votre beauté dans tout son éclat, moi qui ai pu à peine vous apercevoir de loin. Hélas ! j'attendais vainement dans la rue que votre apparition ne fût plus interceptée par une maudite persienne...... qu'on devrait bien appeler toujours une jalousie..... Mais vous avez fait davantage encore...... vous avez voulu accorder à l'amant le plus passionné .... la plus précieuse des récompenses...... Ah ! mademoiselle, qu'un semblable bonheur était bien dû à l'ardeur de mes sentiments..... Souffrez cependant qu'à vos genoux, j'essaie de vous exprimer toute ma gratitude.... (*Il se jette aux pieds de Francœur.*) Souffrez que, sur cette main chérie.... (*Il veut prendre la main de Francœur, qui s'en défend*) je commence....

FRANCOEUR *(contrefaisant et affaiblissant sa voix).*

Commencer....! Non, non.... Finissez, finissez !

SCÈNE IX.

LES PRÉCÉDENTS, DESROLES, DUCLAIR.

Que vois-je ? ma nièce en ces lieux ! Elle a pu s'oublier à ce point !

LINVAL.

L'oncle d'Adéline....! Duclair en bourgeois !

DUCLAIR *(à part).*

Voici du mélodrame dans son beau idéal.

FRANCOEUR *(à part).*

Serrons le nœud et préparons la péripétie.... *(Il feint la consternation, se jette dans un fauteuil et se cache le visage avec les mains.)*

DESROLES *(les bras croisés.... à Francœur).*

Eh quoi ! mademoiselle, vous avez porté le mépris de tout ce que vous deviez à votre famille.... *(Francœur feint de sangloter de plus en plus à chaque parole de Desroles)....* de tout ce que vous vous deviez à vous-même, jusqu'à venir dans l'appartement de monsieur..... *(Se tournant vers Linval qui paraît fort embarrassé.... A part.)* Tirons parti de la circonstance.... *(Haut.)* Et vous, monsieur, dont les séductions ont amené cette jeune personne à commettre une faute aussi grave, ne l'aiderez-vous point à la réparer ?

LINVAL.

S'il dépendait de moi, monsieur.... certainement je.... *(Francœur sanglote toujours)....* Ah ! croyez que la position de mademoiselle m'inspire le plus grand intérêt.

DESROLES.

Instruit de ses relations avec vous, je ne les croyais pas criminelles.

LINVAL.

Elles ne le sont pas, je vous jure....

DESROLES.

Je voulais les rendre légitimes. Je venais vous offrir sa main.... avec six mille francs de dot.... C'est le quart de ce que les règlements exigent.... et le double de ce que les militaires obtiennent le plus souvent.... Mon notaire m'a confié sa main courante avec un acte tout préparé.

LINVAL.

L'amour que j'ai pu inspirer à mademoiselle serait un motif plus puissant que vos offres.... Mais....

DUCLAIR *(à Desroles).*

Je vous ai déjà fait observer que M. Linval ne pouvait prendre aucune détermination sans l'aveu de ses parents.

DESROLES.

Oh! il ne s'agirait encore que d'un contrat réglant les conventions matrimoniales.... *(Bas, à Duclair.)* Et d'une petite clause en cas d'inexécution.... *(Haut.)* Monsieur est majeur, sans doute?

LINVAL.

Moi, majeur!

DUCLAIR.

Emancipé seulement.... parfaitement émancipé, même.... et depuis longtemps; mais voilà tout.

DESROLES.

(A part.) Changeons de système. *(Haut, à Linval)....* Au reste, monsieur, j'ai dans votre correspondance la preuve de vos insidieuses protestations d'amour.... Quoique ma nièce soit majeure, elle, j'en pourrai faire usage.

LINVAL.

Vos menaces seraient le plus sûr moyen de ne pas avoir mon consentement.

10

DESROLES (*à Duclair*).

Monsieur l'avocat, rendez-moi, je vous prie, ces lettres que je vous ai confiées.

LINVAL (*étonné*).

Monsieur l'avocat !

DUCLAIR.

Un moment, monsieur l'avoué, ma consultation n'est pas encore délibérée.

LINVAL (*à Duclair*).

Je comprends; mais je n'abuserai pas du subterfuge de l'amitié. (*A Desroles.*) Mes lettres vous seront rendues, monsieur, et je subirai toutes les conséquences de la légèreté qui me les a fait écrire.

DUCLAIR.

Quant à moi.... j'aviserai.... comme dit M. Desroles, avant de les restituer.

FRANCOEUR (*se renversant dans le fauteuil comme une femme qui va s'évanouir*).

Mon Dieu, mon Dieu, j'en mourrai !

LINVAL (*avec exaltation*).

Ah mademoiselle, j'ai dû...., sans parler de sa générosité...., résister à la colère de votre oncle; mais je dois céder à vos douleurs. Je sens que la violence de votre amour pour moi a pu seule vous conduire en ces lieux.... (*A Desroles.*) Donnez, monsieur, donnez : je signerai tout ce que vous voudrez.... (*A part.*) Il est pourtant fâcheux de finir aussitôt le roman.

DESROLES (*présentant un papier*).

Voilà, monsieur....! Je vous garantis qu'il est en règle et que rien n'y a été oublié.

DUCLAIR (*s'emparant du papier*).

Permettez qu'à votre exemple, j'en contrôle toutes les nullités.

SCÈNE X.

LES PRÉCÉDENTS, BONNATOUT.

(Bonnatout accourt avec empressement et sans apercevoir Desroles, qui veut amener Duclair à déposer le contrat sur une table, pour l'examiner avec lui).

BONNATOUT.

Messieurs, je suis bien fâché de vous interrompre, dans une répétition, sans doute; mais Mlle Adéline Desroles fait demander, sur-le-champ, la douillette, le voile et le chapeau qu'à leur prière elle avait prêtés à mes filles et que je vous ai loués.

DESROLES *(se retournant).*

Que dites-vous là, Bonnatout?

BONNATOUT *(surpris).*

Monsieur Desroles!

DESROLES.

Eh bien!

BONNATOUT *(à Desroles).*

Je vous demande bien pardon d'avoir spéculé sur ce petit profit; mais, quand on n'est pas riche, on fait ce qu'on peut pour gagner sa vie.

DESROLES.

Je sais que vous spéculez sur tout; mais je ne vous comprends pas : en vérité, je ne sais plus où j'en suis dans cette maudite maison.

DUCLAIR.

Ni moi.

LINVAL.

Ni moi.

FRANCOEUR *(se redressant et écartant son voile).*

C'est donc à moi qu'appartient le dénouement!

DUCLAIR.

Bien joué! Bravo, Francœur!

LINVAL.

J'allais être joliment fiancé !

DESROLES.

Et moi, je suis ensorcelé, ou bafoué de la manière la plus indigne.... Qu'en est-il, messieurs?

DUCLAIR.

Mon cher monsieur Desroles, il n'en est rien. Linval, Francœur et moi, tous trois officiers du même régiment et liés d'une amitié étroite, habitons ce corps de logis. Je leur ai proposé d'occuper nos loisirs de carnaval à jouer la comédie de société. J'avais pour cela loué quelques costumes à Bonnatout, pour nous familiariser avec ce genre d'amusement.

BONNATOUT.

C'est vrai, c'est très-vrai; je me suis permis de.... confier à ces messieurs quelques objets appartenant à Mlle votre nièce; voilà tout mon crime.

DUCLAIR.

Je venais d'essayer un habit bourgeois, et je m'exerçais au moment où vous êtes entré. Il m'a pris subitement la fantaisie de passer pour avocat. Elle m'a depuis fort embarrassé, je vous assure. Notre méprise commune est due probablement à quelque circonstance du même genre.

FRANCOEUR.

Oui, l'on voulait me faire jouer les amoureuses et les ingénues: demandez à Linval si j'y ai réussi.

LINVAL.

Ah! monsieur, vous n'êtes pas le plus mystifié.

DESROLES (outré de colère).

(A part.) Encore un mariage manqué.... (Haut.) Adieu, messieurs, adieu. Vous vous êtes amusés.... Qu'il me tombe entre les mains quelque bonne obligation.... quelque bon protêt.... je m'amuserai à mon tour. (Il sort; Bonnatout le suit.)

SCÈNE XI ET DERNIÈRE.

LES PRÉCÉDENTS, EXCEPTÉ DESROLES ET BONNATOUT.

DUCLAIR.

J'espère qu'avant cela mon stage sera fini, et que je trouverai le moyen de payer un avoué de sa monnaie.

LINVAL.

Je l'ai échappée belle !

FRANCOEUR (à Linval).

Tiens-t'en, mon cher Linval, à ta dernière conquête : il vaut mieux trébucher avec elle que de choir avec une autre devant un municipal et un sacristain.

DUCLAIR.

Eh bien ! mes amis, vous ne vouliez pas jouer la comédie. Nous l'avons fait, cependant, les uns et les autres, malgré vous, malgré moi-même.... Comment....? Ah !

Quand on ne peut mieux faire,
On fait ce que l'on peut.

FRANCOEUR.

AIR :

Si vous voulez ici
Boire un vin délectable,
Un vin bien préférable
Au bordeaux, à l'aï,
Les vignes de l'Isère
En donnent tant qu'on veut :
Mais,
Quand on ne peut mieux faire,
On fait ce que l'on peut.

DUCLAIR.

Un sifflet correcteur
Est bien souvent, en France,
La triste récompense
Du drame et de l'acteur.

Car ce n'est qu'au parterre
Qu'on fait ce que l'on veut ;
Mais,
Quand on ne peut mieux faire,
On fait ce que l'on peut.

LINVAL.

De bravos moins jaloux
Que d'un léger sourire,
Ici, l'on en désire,
Mesdames, un de vous.
On y fait pour vous plaire
Non pas tout ce qu'on veut ;
Mais,
Quand on ne peut mieux faire,
On fait ce que l'on peut.

ESPÈCE DE ROMANCE

QU'A DÉFAUT D'AUTRE, LINVAL PEUT CHANTER SUR UNE MUSIQUE QUELCONQUE.

Objet charmant, j'ai l'heureuse assurance
Que mon amour ne t'a pas alarmé :
Oui, du bonheur j'ai conçu l'espérance,
Je t'aime trop pour ne pas être aimé.

Dans tes beaux yeux l'aveu s'en est fait lire ;
Que par ta bouche il me soit confirmé !
Un tendre accent, un seul mot peut me dire
Que tu m'entends et que je suis aimé.

Quand des amants la foule t'environne,
S'il en est un qui déjà t'ait charmé,
Va, tu le dois, que ton cœur l'abandonne !
J'aime le mieux : c'est à moi d'être aimé.

LES AMATEURS,

ou

CHACUN SON.... ÉTAT.

PROVERBE VAUDEVILLE.

NOTE SUR LE SIXIÈME PROVERBE.

—— —— ——

Avoir des goûts et des habitudes en contradiction avec ses devoirs, c'est là une de ces choses banales que l'on rencontre partout: c'est là un trait de mœurs que le théâtre a exploité plus d'une fois. Cependant, il a paru pouvoir s'appliquer d'une manière assez piquante et nouvelle à l'une des parties de la vie judiciaire. Oui, l'on trouve assez communément dans le monde des membres du barreau, avocats ou avoués, qui sont loin de consacrer tout leur temps au sérieux de leurs occupations obligées. Le rigorisme le plus susceptible y admet lui-même de la tolérance; il est cependant une limite au-delà de laquelle se trouve un tort grave pour celui qui la franchit. En ne le laissant aller que jusqu'au ridicule, il y a moyen de le ramener dans la bonne route, quand on lui fait connaître le point où il est arrivé. Ce sujet serait évidemment heureux et fécond; mais il aurait besoin d'être traité par une main habile. Pour celle qui a tracé le proverbe intitulé : LES AMATEURS, ce sera avoir assez fait que d'en donner l'idée à un autre, si un autre veut l'entreprendre, et y réussit.

PERSONNAGES.

—

DUROCHER, *vieux bourgeois*.
BELVAL, *avocat*.
DORMEUIL, *avoué*.
MERVILLE, *médecin*.
ERNEST LÉGER, *notaire*.
Mme LÉGER, *sa femme*.
UN CLERC D'AVOUÉ.

———

La scène se passe en province.

LES AMATEURS,

CHACUN.... SON ÉTAT.

PROVERBE VAUDEVILLE.

Le théâtre représente un salon ; à droite du spectateur, un piano ; à gauche, une table avec des livres et des papiers dessus. Il y a une entrée de chaque côté et une au fond. Au lever du rideau, Belval est endormi contre la table, la tête appuyée sur un livre. Dormeuil entre par la porte à droite du spectateur.

SCÈNE Ire.

BELVAL, DORMEUIL.

DORMEUIL.

Voilà qui est exemplaire ! Il est en bon chemin pour faire fortune, si cela peut lui réussir, comme à tant d'autres....! Eh bien, Belval, veux-tu dormir jusqu'à demain.....? Quelle sensibilité dans l'organe de l'ouïe... Pour un avocat, passe encore, mais pour un musicien.....! Belval ! Belval !

BELVAL (*il ne s'éveille qu'avec peine*).

Oui, je sais qu'il y a de la différence entre la servitude *altius non tollendi*, et la servitude..... *ut, sol, ut, sol*..... il faut un dièse......

DORMEUIL.

Devient-il fou ! Quel galimatias !

BELVAL.

Ah, c'est toi, mon cher Dormeuil ! Tu as bien fait de me réveiller, car j'étais agité par un songe affreux. Les tourments du grimoire me poursuivent jusque dans les bras de Morphée : je me croyais au palais, obligé de plaider le procès de M. Durocher, que, par parenthèse, je n'ai pas encore étudié. Son adversaire avait choisi pour avocat M⁰ Pésant, et celui-ci, environné d'un triple rempart d'in-folios, m'accablait du poids de ses citations, qui n'avaient pas le moindre rapport à la cause.

AIR :

Tandis que d'un sommeil paisible
Je croyais goûter la douceur,
L'ennui d'un songe aussi pénible
Est venu troubler mon bonheur.
Tu conçois mon impatience ?

DORMEUIL.

Je la conçois..... et cependant,
C'est un rêve que bien souvent
Nous faisons tous à l'audience.

Au reste, le tien ne devait pas t'amuser.

BELVAL.

Ce n'est pas le tout, mon ami ; pendant que j'avais à supporter l'ennuyeuse éloquence de M⁰ Pésant, j'entendais d'un autre côté écorcher mon dernier quadrille par un orgue de Barbarie !

DORMEUIL.

Ainsi, tu es toujours le même ? Endormi comme éveillé, le goût des amusements frivoles l'emporte chez toi sur la nécessité des occupations sérieuses ! Et ton état, mon cher Belval, ton état ! Songe donc que nous avons un état aujourd'hui.....! Et, quand je dis nous avons...... songe qu'il n'est pas encore tout à fait à nous.....

BELVAL.

Bah ! il ne nous reste plus qu'à payer ton étude d'avoué, que nous avons achetée de compte à demi et que nous devons exploiter de même. Comme le plus âgé tu as eu le titre. En revanche, je conserve celui d'avocat qui me donne le pas sur toi...., entendez-vous, monsieur Dormeuil ?

DORMEUIL.

Tes confrères me le rappellent assez souvent !

BELVAL.

Oh ! vous nous le rendez bien...! Mais, comme tu me le

disais, il faut songer à notre état. Personne ne connaît notre association, et je suis persuadé qu'elle ne nuira point à nos bénéfices. Nous pourrons, sans que l'on s'en doute, nous rendre de petits services dont les résultats mis en commun nous procureront, petit à petit, tous les avantages de la considération. Quand, attirés par mes succès au barreau, les clients s'adresseront à moi, je ne manquerai pas de te désigner à eux comme l'avoué le plus intelligent, le plus assidu au travail. De ton côté, quand il s'agira de faire plaider leurs causes, tu auras grand soin de me représenter comme.... Oh ! tu sens que ma modestie ne me permet pas d'achever.

DORMEUIL.

J'entends. Cela pourra bien s'appeler aussi du charlatanisme. Mais où n'y en a-t-il pas aujourd'hui....? Logés au même étage, dans des appartements qui communiquent l'un à l'autre par cette pièce, la chose nous sera très-facile. Ce qui me chagrine un peu, c'est mon cher prédécesseur qui veut de l'argent.

BELVAL.

L'imbécile ! il sait bien que nous ne sommes pas encore mariés. Comment a-t-il fait, lui, pour payer son étude? Mais qu'il prenne patience. Trois dots de 50,000 fr. chacune nous attendent, toi, Merville et moi.

DORMEUIL.

Je crois plutôt que c'est nous qui les attendons.

BELVAL.

Comment ! nous ne nous sommes fixés dans cette ville que par cette espérance. Le papa Durocher a promis de nous donner ses trois charmantes filles dès que nous aurions un état, et nous l'avons : avoué, médecin, avocat.

DORMEUIL.

Oui, mais il dit que nous ne nous en occupons pas, et pour ton compte tu mérites bien un peu ce reproche.

BELVAL.

Moi ! ah ! tu as tort. Tiens, j'allais travailler à son procès et j'avais déjà lu deux pages d'un certain traité des servitudes quand je me suis endormi.... Tu sens que ce n'était pas de ma faute. Mais toi, Me Dormeuil, es-tu plus raisonnable? ne barbouilles-tu pas autant de vers que de formalités judiciaires?

DORMEUIL.

Il faut bien que de temps en temps le sourire des muses nous dédommage du sérieux de Thémis. Je viens, par exemple, de suspendre la rédaction d'un cahier des charges pour faire une romance.

BELVAL.

Le contraste est piquant! Un procureur troubadour!

DORMEUIL.

Je veux te la montrer et que tu me donnes ton avis.

BELVAL.

C'est-à-dire que je te fasse un compliment!

DORMEUIL.

Eh, mon cher compositeur, n'est-ce pas à charge de revanche?

BELVAL.

Mais mon procès, le procès de M. Durocher! on le plaide aujourd'hui.

DORMEUIL.

Une minute...! me la refuserais-tu....? C'est pour toi que je l'ai faite!

BELVAL.

C'est pour moi que tu as fait une romance!

DORMEUIL.

Du moins pour ta dernière musique.

BELVAL.

Pour ma musique! oh, tu es charmant! Aux armes, mon ami, aux armes....! *(Il court découvrir son piano et prélude.)* Je vais te donner le ton.

DORMEUIL.

Ne veux-tu pas la lire auparavant!

BELVAL.

AIR :

La peine en serait inutile,
Car, digne élève d'Apollon,
Ta muse élégante et facile
Connaît trop le sacré vallon.
Oui, les vers, enfant de la lyre,
Toujours doux et mélodieux,
Méritent que l'on dise d'eux :
Il faut les chanter, non les lire.

DORMEUIL.

Je vais commencer : accompagne-moi, comme il faut au moins ; car je veux donner à mon chant le plus d'expression possible, pour que tu saisisses bien toute ma pensée.

BELVAL.

Non, c'est à toi d'être sur tes gardes, car je serai tout entier à ma composition. Il faut que tu puisses en apprécier tout le mérite.

(Dormeuil chante, ou commence à chanter une romance quelconque. — On en trouvera, au besoin, une à la fin du proverbe. Belval l'accompagne.)

SCÈNE II.

LES PRÉCÉDENTS, DUROCHER.

(Durocher entre sans que Dormeuil et Belval l'aperçoivent d'abord. Il vient se placer derrière eux. Dormeuil, qui est le premier à le voir, s'arrête tout à coup.)

BELVAL *(à Dormeuil).*

Y songes-tu, malheureux ? tu t'arrêtes au plus beau passage : ce point d'orgue est du meilleur effet ! (*Il se retourne, et apercevant à son tour Durocher, il pousse une exclamation.*) Ah !

DUROCHER.

Je vous en fais mon compliment : on ne peut pas s'occuper d'une manière plus sérieuse, et voilà le vrai moyen de tirer parti de votre état.

BELVAL *(regarde à sa montre).*

(*A part.*) Dix heures ! l'audience va s'ouvrir ! (*Il se hâte de prendre des livres et des dossiers de procédure.*)

DORMEUIL.

Eh bien, monsieur Durocher, vous croyez peut-être qu'il nous arrive souvent de nous amuser de la sorte ?

DUROCHER.

Je le crains fort pour vous.

DORMEUIL.

Vous êtes dans l'erreur.

BELVAL.

Sans doute !

DUROCHER.

Je ne le crois guère.

DORMEUIL.

C'est un délassement que nous avons pris.... par excès de fatigue.

BELVAL.

Oui, nous avons passé la nuit à travailler. Votre procès a exigé les plus longues recherches. La question est excessivement délicate : je cours la plaider, et, quoique je saisisse parfaitement la difficulté, d'honneur, je sens qu'il m'en coûtera pour la faire comprendre au tribunal.

DUROCHER.

Mais c'est une bagatelle.

BELVAL.

Une bagatelle !

AIR :

De bagatelle tous les jours
Un client traite son affaire :
Sans l'entendre, presque toujours,
Il vous soutient qu'elle est très-claire.
Mais, quand des frais qu'il doit payer,
Il aperçoit la kyrielle,
On ne l'entend plus s'écrier
Que ce n'est qu'une bagatelle.

Il n'y a pas de bagatelles au palais, monsieur! il n'y a pas de bagatelles. (*Il sort.*)

SCÈNE III.

DORMEUIL, DUROCHER.

DORMEUIL.

Que vous avez bien fait, monsieur Durocher, de charger mon ami Belval de votre cause! Elle ne pouvait tomber en de meilleures mains! Comme il l'a étudiée! Il avait les yeux fatigués.... à ne plus y voir, quand je suis entré ici.

DUROCHER.

Je ne conçois pas qu'il ait pu se donner autant de peine pour aussi peu de chose! Je lui connais de la facilité : il m'a paru qu'il ne lui manquait que de l'assiduité et du goût pour son état.

DORMEUIL.

Comment, monsieur ! Je puis vous assurer qu'il possède au suprême degré l'une et l'autre de ces qualités.

DUROCHER.

Vraiment!

DORMEUIL.

Et c'est en cela seulement que je me flatte d'avoir quelque ressemblance avec lui.

DUROCHER.

Cependant....

DORMEUIL.

Ce genre de mérite, que vous avez bien raison de placer avant tout, nous conciliera peut-être votre estime.

DUROCHER.

Oui, mais....

DORMEUIL.

Elle est pour nous d'un trop grand prix pour que nous ne nous efforcions pas de l'acquérir.

DUROCHER.

Coupons court, messieurs : vous connaissez mes intentions. Pour marier mes trois filles, j'exige deux conditions essentielles de la part de ceux qui prétendraient à leur main : la première...., qu'ils aient un état....; la seconde...., qu'ils s'en occupent.... exclusivement.

DORMEUIL.

C'est penser en homme sage.

DUROCHER.

Je ne veux entendre parler ni de vers, ni de musique, ni de peinture.

DORMEUIL.

C'est aussi ce que je ne cesse de répéter à Belval et à Merville, qui, tous deux, ainsi que moi, aspirent à devenir vos gendres.

DUROCHER.

Ma détermination à cet égard est non-seulement le fruit du raisonnement, mais un triste résultat de l'expérience.

DORMEUIL.

Je le crois.

DUROCHER.

Ma nièce, unique héritière d'un père assez riche et douée elle-même, cependant, des plus solides qualités, s'est prise d'un sentiment tendre pour un jeune homme qui possédait une foule de ces talents d'agrément. Ils se sont mariés malgré le contraste de leurs goûts et de leurs caractères... Mais pourquoi vous ferais-je le tableau de cette déplorable mésalliance ?

DORMEUIL.

Il ne serait pas encourageant pour ceux qui se font un plaisir de cultiver les beaux-arts.

DUROCHER.

Dites plutôt de jouer avec les hochets de la folie. On devrait bannir de la société et punir même des peines les plus sévères les personnes qui s'y livrent.

DORMEUIL.

Air :

Du législateur, avec vous,
Je reconnais l'imprévoyance;
Le Code pénal est si doux,
Que partout surgit la licence.
Mais s'il frappait de ses rigueurs
Tous ceux qui, sans l'aveu du frère,
Osent courtiser les neuf sœurs,
Les juges auraient trop à faire.

DUROCHER.

Oh! je ne plaisante pas, moi....! Parlons d'autre chose : je vois que vous avez moins d'étourderie et de distraction que M. Belval. En venant aujourd'hui chez vous pour retirer le dossier de l'affaire que j'ai terminée hier, j'ai voulu savoir où en était ma procédure d'expropriation contre cet impitoyable chicaneur, qui m'a déjà élevé tant d'incidents.

DORMEUIL (*à part*).

Aïe! mes affiches ne sont pas apposées!

DUROCHER.

Eh bien, n'avez-vous pas le temps de m'en parler, à présent? Voulez-vous aussi me renvoyer à un autre jour? C'est une mauvaise habitude dont il faut vous défaire, quoiqu'elle soit du métier.

DORMEUIL.

Comment, monsieur! du tout. (*A part*) Courons chercher un huissier, ou ma procédure est perdue. (*Haut*) Je suis à vos ordres.... (*A part, regardant sa montre*) Pas une minute à perdre.... (*Haut*) C'est que vraiment.... j'ai une formalité essentielle à remplir....à l'instant même.... à peine de nullité, monsieur; à peine de nullité.

DUROCHER.

Dans mon expropriation?

DORMEUIL.

Non, sans doute. Votre expropriation est en règle.... parfaitement en règle.... ; il n'y manque rien, absolument rien.... (*à part*) que l'essentiel.

DUROCHER.

Donnez-moi donc mon dossier ; vous ferez après toutes les formalités qu'il vous plaira.

DORMEUIL.

Mais..., monsieur..., si vous pouviez repasser... dans une heure.

DUROCHER.

Parbleu, vous aviez bien le temps de chanter avec M. Belval ; vous prendrez bien celui de me donner mon dossier !

DORMEUIL.

(*A part.*) Je n'ai pas d'autre moyen de m'en débarrasser. (*Il passe dans l'appartement à droite du spectateur.*)

SCÈNE IV.

DUROCHER, *seul.*

Ces hommes d'affaires ! ils sont tous les mêmes. A la manière dont ils s'empressent de renvoyer leurs clients, on dirait que ceux-ci doivent avoir plus de plaisir à les voir qu'à les quitter.

SCÈNE V.

DUROCHER, DORMEUIL.

DORMEUIL (*donnant des papiers à Durocher*).

Voici votre dossier. Mille pardons. Je vous laisse pour courir où les devoirs de mon état m'appellent. (*Il veut sortir, Durocher le retient.*)

DUROCHER.

Attendez : ne voulez-vous pas que je vous paie le montant de votre état ?

DORMEUIL.

Sans doute.... Mais demain.... Oui, monsieur Durocher, à demain.

DUROCHER.

A demain !

Aɪʀ :

A demain, dit, dans sa détresse,
Le débiteur que l'on poursuit :
C'est l'excuse de la paresse,
Ou celle du lâche qui fuit.
Mais où voit-on, Dieu me pardonne !
Que jamais, retirant la main ,
Pour prendre l'argent qu'on lui donne,
Un avoué dise : A demain !

Au reste, voyons ce dossier..... Quoi ! c'est celui de mon
expropriation !

DORMEUIL *(à part)*.

Quelle méprise !

DUROCHER.

Et mes affiches ne sont pas encore placées ! Ah, morbleu,
quelle négligence !

DORMEUIL *(reprenant vivement les papiers que tient Durocher et lui en donnant d'autres)*.

Nous sommes dans notre délai, monsieur ; nous sommes dans notre délai..... J'avais mes raisons pour ne pas les
faire apposer auparavant.....; mais, aujourd'hui même, tout
sera collé. *(Il sort.)*

SCÈNE VI.

DUROCHER, *seul. (Il parle à Dormeuil qui est déjà dehors.)*

N'y manquez pas, au moins, cela vous regarde : je vous rends
responsable de tout...... Voyez ce que c'est ! Si je n'étais pas
venu, cependant, mon expropriation tombait ; ma créance
était de plus en plus compromise.....! Ah, quand on s'occupe
d'autre chose que de son état.....! Mais, c'est ce fou de Belval
qui le pervertit......! C'est dommage, car Dormeuil a déjà
passablement le savoir-faire de sa profession..... Il flatte et
ment à propos..... Voyons un peu son état de frais..... Qu'il y
prenne garde ! En ma qualité de futur beau-père, ce ne sera
pas me faire la cour que de me ménager. J'aime mieux qu'il
me traite comme le font tous ses confrères..... *(Il prend des
lunettes, ouvre le dossier, et en tire un cahier de papier fin,
garni de faveurs.)*.... Que diable est-ce que cela signifie....?
Bouquet à Lélie...., épître à Zoé...., charade...., énigme....,
logogriphe...., chanson...., romance..... Ah, mon Dieu, quel

travers d'esprit.....! un avoué poète.....! Tout doucement, messieurs, avec de semblables dispositions, on ne devient pas mes gendres, et des trois mariages projetés, je ne sais trop si un seul pourra réussir. Voici précisément notre docteur.

SCÈNE VII.

DUROCHER, MERVILLE.

(Merville est en habit de voyage, casquette et petites guêtres. Il porte un grand porte feuille sous le bras et un étui à la main.)

MERVILLE.

M. Durocher ici ! Et seul !

DUROCHER.

Oui ; j'y étais venu pour mes affaires, c'est ce qui a fait que vos amis ont pensé aux leurs.

MERVILLE.

Enchanté de vous rencontrer, et de pouvoir vous remercier de l'agréable tournée que vos conseils m'ont donné occasion de faire.

DUROCHER.

(A part) En voilà un qui les suit, au moins. (Haut) Vous êtes donc satisfait de votre course?

MERVILLE.

Ravi ! extasié !

DUROCHER.

C'est toujours ainsi qu'un médecin doit débuter.

AIR :

Ah! croyez-en ma vieille expérience,
Le savoir-faire est utile au savoir.
Il est un art qui vaut bien la science :
C'est l'art heureux de la faire valoir.
Ne suivez point une règle commune,
Et n'allez pas, trop sûr de vos talents,
Dans votre lit attendre la fortune :
Elle est pour vous dans ceux de vos clients.

Non, monsieur Merville, la clientelle ne s'acquiert point : elle se prend. Tel qui ne se déciderait jamais à appeler un médecin, osera encore moins le renvoyer s'il se présente. A votre âge on est timide ; mais, pour un homme de votre état, ce serait le plus grand de tous les défauts.

MERVILLE.

Ah ! je dois dire, pour l'honneur du corps, qu'il y est assez rare.

DUROCHER.

Vous venez de vous établir dans cette ville, il fallait vous faire connaître à la campagne ; quoiqu'on y soit moins souvent malade, on y croit davantage à la médecine.

MERVILLE.

Et, selon vous, peut-être, c'est la foi qui sauve ?

DUROCHER.

Souvent. Je vous ai indiqué les lieux que vous aviez à parcourir, les personnes que vous aviez à voir.

MERVILLE.

Aussi j'ai tout vu, tout parcouru avec la plus scrupuleuse attention.

DUROCHER.

Vous n'aurez pas oublié le village de Saint-Antoine : c'est, dit-on, le pays des fièvres.

MERVILLE.

L'aspect en est admirable : placé entre deux montagnes, adossé à une troisième dont le penchant est noirci par des sapins et le sommet couronné de frimats éternels, il semble fait exprès pour le fond d'un tableau.

DUROCHER.

L'air doit y circuler avec peine. Les environs en sont marécageux.

MERVILLE.

C'est ce qui rend un peu vagues et monotones les sujets des premiers plans. L'atmosphère, obscurcie par des exhalaisons continuelles, ne laisse pas produire assez tout l'effet des contrastes ; ces longues nappes de marécages sont trop prolongées.

DUROCHER.

Comment avez-vous trouvé ce pauvre juge de paix du canton, pour qui je vous avais donné une lettre ?

MERVILLE.

Parfaitement ! Admirable !

DUROCHER.

On le disait si malade ! Je craignais même qu'il ne fût plus en vie.

MERVILLE.

Il était mort, en effet.

Air :

Mais d'une aussi noble figure,
Je n'avais jamais vu les traits.
Pour le crayon ou la peinture,
On les aurait dits faits exprès.
Cette pose, cette attitude
Ont d'abord frappé mon regard ;
Oui, c'est une tête d'étude
Digne du Guide ou de Gérard.

DUROCHER.

(*A part*) La tienne est digne de Charenton. (*Haut*) Voilà donc le fruit de vos observations ? Vous n'avez rien apporté de plus de ce long voyage ?

MERVILLE.

Rien rapporté de plus, monsieur Durocher....! Je vous réponds que cet étui n'est pas resté oisif, et que ce portefeuille se trouve amplement garni.

DUROCHER.

Tant mieux ! (*A part.*) La lancette aura peut-être fait son jeu, et l'herbier sera enrichi. (*Haut*) Voulez-vous me faire le plaisir de me montrer la collection que vous avez recueillie ?

MERVILLE.

Volontiers. Mais, comme vous devez le penser, ce ne sont encore que des croquis. Quand j'aurai achevé le trait et distribué les ombres, ce sera charmant. Voyez ce pont léger et tremblant qui joint deux cimes de rochers ; voyez cet arbre, dont la tige oblique s'élance au-dessus d'un précipice ; voyez cette cascade bondissante dont les ondes écumeuses ressemblent à d'immenses flocons de neige ; voyez.....

DUROCHER (*lui prenant le bras avec un mouvement de colère*).

Je ne vois pas, à mon grand regret, dans ce premier recueil, que j'ai pris pour un herbier, quelque chose que j'aurais dû y trouver sans cela et qui vous irait admirablement.

MERVILLE.

Qu'y manque-t il, à votre avis ? Dites-le-moi, je vous prie ; car je veux faire tout lithographier.

DUROCHER.

Ce qu'il y manque ?

MERVILLE.

Oui.

DUROCHER.

Air : *De Marianne.*

Une herbe des plus salutaires,
Dont aurait sans cesse besoin
Tout homme qui, de ses affaires,
Néglige imprudemment le soin ;
Tout sot rimeur,
Tout barbouilleur,
Maint avocat,
Plus d'un homme d'état ;
Tel érudit
Ou bel esprit,
Beaucoup de grands,
Ou prétendus savants,
L'élève du Dieu d'Epidaure,
Qui se croirait l'art de guérir,
Et, comme vous, veut réussir :
Morbleu ! de l'ellébore !

(Outré de colère.) Quoi ! c'est en charbonnant ainsi du papier que vous remplissez les obligations de votre position dans le monde, et que vous demanderiez la main de ma fille ! Non, monsieur, non ; je vous le dis à vous-même, et je vous prie d'en dire autant de ma part à MM. Dormeuil et Belval, vos dignes camarades. Il me faut pour gendres des hommes sensés, qui aient un état, qui s'occupent de leur état et qui ne songent qu'à leur état *(Il sort).*

SCÈNE VIII.

MERVILLE *seul (courant après Durocher).*

Monsieur Durocher ! monsieur Durocher....! daignez m'écouter un instant.... Le diable d'homme, il est déjà loin. Ce que c'est, cependant, que ces vieux bourgeois de province ! ça n'a pas le moindre sentiment du beau idéal ; ça se traîne toujours dans l'ornière de la routine.

SCÈNE IX.

MERVILLE, BELVAL.

MERVILLE.

Eh bien, Belval, tu dis avoir vu M. Durocher sortir a .

BELVAL.

Oui; mais j'ai fait mon possible pour qu'il ne m'y vit pas entrer.

MERVILLE.

Pourquoi? Tu aurais dû le ramener.

BELVAL.

Je m'en serais bien gardé!

MERVILLE.

Songe donc qu'il emporte nos dots: il fallait les saisir au passage.

BELVAL.

Ah! mon ami, à quoi aurait servi ma saisie? la main-levée en était ordonnée d'avance.

MERVILLE.

La main-levée?

AIR :

Laisse-là ton étalage
De science et de grands mots;
Réserve ce beau langage
Pour des savants ou des sots.
Sois plus simple, je t'en prie,
Car tu n'es pas au palais,
Non plus qu'à l'académie:
Ainsi, parle-moi français.

BELVAL.

De quel front aurais-je abordé M. Durocher? Je devais plaider aujourd'hui son procès; et lui, qui ne veut pas que l'on s'occupe d'autre chose que de son état, m'a trouvé ce matin, à l'heure de l'audience, faisant de la musique avec Dormeuil. Juge de notre surprise à tous deux!

MERVILLE.

Diable! j'aurais bien voulu m'y trouver. Cela devait faire tableau. Vraiment, le groupe était bon, les physionomies charmantes et les accessoires délicieux. Le contraste des idées devait donner au dessin quelque chose de grotesque et digne de Callot. En vérité, je me le représente, je le vois : c'est tout à fait bouffon. Oh! je vous croquerai, mes amis, je vous croquerai!

BELVAL.

Trêve de plaisanteries. J'ai couru à l'audience : mon antagoniste avait déjà la parole, et peut-être ne l'aurait-il jamais quittée, si les juges ne l'avaient pas invité à se taire. Je l'ai prise à mon tour. J'espérais que l'inspiration pourrait suppléer à l'étude. En effet, j'ai parlé, sinon avec clarté et méthode, du moins avec chaleur et abondance : le tribunal a été aux opinions, et..., d'une voix unanime..., j'ai perdu mon procès.

MERVILLE.

Tu as perdu ton procès?

BELVAL.

Il me reste heureusement la voie d'appel.

MERVILLLE.

Meilleure ressource pour l'amour-propre de l'avocat que pour l'intérêt de la partie... Aussi, pourquoi faire de la musique au lieu d'étudier?

BELVAL.

Il est bien temps de m'apprendre que j'ai eu tort! Mais, à ton tour, aurais-tu perdu les bonnes grâces de M. Durocher?

MERVILLE.

C'est une bizarrerie de sa part qui en est cause.

BELVAL.

Ou une folie de la tienne!

MERVILLE.

Pendant le voyage qu'il m'avait conseillé de faire, je me suis amusé à esquisser plusieurs sujets charmants. J'ai voulu les lui montrer. Il a pris la mouche là-dessus et m'a dit qu'il ne voulait pas de nous pour gendres.

BELVAL.

Je conçois maintenant....

MERVILLE.

Tu vas les voir, mon cher Belval, ces croquis précieux : tu jugeras.

BELVAL.

Moi!

Air :

Sur tes dessins, que je crois des prodiges,
Dispense-moi de jeter les regards :
De l'amitié je craindrais les prestiges,
Dans l'intérêt que je dois aux beaux-arts.
D'ailleurs, ami, tu sais que, d'ordinaire,
La vérité, dans son modeste éclat,
A plus d'un peintre a le pouvoir de plaire....
Comme elle plaît à nos hommes d'état.

Aussi, pourquoi lui faire voir des esquisses, au lieu de lui présenter, suivant l'usage, les procès-verbaux authentiques d'une foule de cures miraculeuses?

MERVILLE.

Allons, ta morale n'est pas mieux placée que la mienne. Mais comment Dormeuil se trouve-t-il enveloppé dans la même proscription que nous?

BELVAL.

Tout procureur qu'il est, il s'y sera aussi laissé prendre. Eh bien! c'en est fait : il faut renoncer à nos trois dots et savoir nous en passer.

MERVILLE.

Tudieu! quelle résignation, pour un avocat! Je te la pardonnerais si tu n'étais que musicien. Mais cette philosophie obligée des favoris d'Apollon n'est pas du tout de mon goût.

BELVAL.

Et comment nous tirer d'embarras?

MERVILLE.

J'en ai l'espoir. M. Durocher veut nous abandonner. Eh bien, moi, je ne le quitte pas que nous n'ayons ses trois aimables filles et les trois dots entre les mains. Fidèle à ses principes, je m'attache à lui comme la nécessité au sort de l'espèce humaine, comme l'ombre à la lumière.

Air :

Aisément on se persuade
Ce que l'on redoute toujours.
Je lui dirai qu'il est malade
Pour lui prodiguer mes secours;
Et même, qu'à cela ne tienne,
De notre art mettant à profit
Le seul secret qui réussit,
Je puis faire qu'il le devienne.

BELVAL.

A quoi cela te mènera-t-il?

MERVILLE.

Morbleu! je le guérirai; et tu sens que la reconnaissance aplanira toutes les difficultés.

BELVAL.

Je ne doute que du résultat; car si ton zèle et tes remèdes, au lieu d'enlever le mal, enlevaient....

MERVILLE.

Ce serait le plus sûr moyen de n'avoir plus besoin de lui. Mais voici quelqu'un : à qui de nous deux peut-il en vouloir ?

SCÈNE X.

BELVAL, LÉGER, MERVILLE.

(Léger est mis avec beaucoup d'élégance. Il doit parler avec fatuité.)

LÉGER (dans le fond).

Ce domicile est bien modeste pour celui d'un homme dont la réputation n'est pas encore faite.

MERVILLE (à part).

Bien copié sur le dernier numéro du *Journal des Modes*.

LÉGER.

Lequel de ces messieurs se nomme M. Belval ?

BELVAL.

C'est moi, monsieur.

LÉGER.

Enchanté! Votre abord justifie les espérances que l'on m'a fait concevoir.

BELVAL.

Je crains, au contraire, de ne pouvoir pas répondre au bien que l'on aura daigné vous dire de moi.

MERVILLE (à part).

De la modestie! Le voilà qui oublie l'esprit de son état.

LÉGER.

Je cherchais un avocat qui ne fût pas encore connu : vous m'avez été désigné. C'est à ce titre que je viens réclamer votre assistance.

MERVILLE.

Voilà, parbleu, une glorieuse recommandation !

LÉGER.

AIR :

Au palais ainsi qu'à l'armée,
La Fortune a ses favoris,
Et trop souvent la Renommée
Aux talents refuse leurs prix.
Plus d'un exemple m'autorise
A déplorer ce qu'ils font voir :
Que de succès dus au savoir
Sont recueillis par la sottise?

Oui, monsieur, c'est ce qui doit vous consoler, et ce qui en
rassure bien d'autres. D'ailleurs, vous le savez, ce sont les
beaux procès qui font les grands avocats, et n'en a pas qui
veut. J'en ai un superbe à vous confier. Il doit faire époque
dans les annales de la jurisprudence. Mais je ne voulais en
charger qu'un homme dont l'âme n'eût pas encore été desséchée
par l'habitude des débats judiciaires.

MERVILLE *(d'un air demi-railleur)*.

C'est parfaitement raisonné ! Comme monsieur connaît déjà
l'espèce humaine !

LÉGER, *à Merville*.

Oui, je tiens, en thèse générale, qu'un vieux avocat ne vaut
pas mieux qu'un jeune médecin. (*Il fait une pirouette et se
regarde au miroir.*)

BELVAL, *à Merville*.

Es-tu aussi satisfait de ton compliment que du mien?

MERVILLE.

Ils sont aussi flatteurs l'un que l'autre. Mais c'est un client:
songe au papa Durocher? Je vais, de mon côté, commencer
l'exécution de mon plan contre lui. (*Il sort.*)

SCÈNE XI.

BELVAL, LÉGER.

BELVAL.

Eh bien! monsieur, de quoi s'agit-il?

LÉGER.

Ne pouvant vivre désormais avec ma femme, je suis décidé à

me séparer d'elle; mais comme sa famille, sous le prétexte qu'il faut un état à un homme, vient de m'acheter un notariat qui m'ennuie à la mort; comme la clientelle déserte mon étude, en prétendant qu'on ne m'y trouve jamais; comme les revenus de cette profession suffisent à peine pour payer mon premier clerc; comme ma femme est très-riche et que je ne le suis plus, je voudrais une séparation de corps sans séparation de biens; en d'autres termes : être toujours le maître de la dot et le chef de la communauté.

BELVAL.

Vous êtes notaire, monsieur, et vous ne savez pas....

LÉGER.

Que la séparation de biens est toujours la conséquence de la séparation de corps....? Vraiment oui, je le sais; mais aujourd'hui que ne fait-on pas juger?

BELVAL.

Je reconnais toute l'élasticité de la jurisprudence : cependant....

LÉGER.

Eh bien! que je conquière au moins ma liberté : Emilie ne me laissera pas dans le besoin.

BELVAL (*étonné*).

(*A part.*) Emilie....! (*Haut.*) Est-ce vous, monsieur, qui auriez de graves sujets de mécontentement contre votre femme?

LÉGER.

De très-graves.

BELVAL.

Sévices, ou injures?

LÉGER.

Rien de semblable.

BELVAL.

Rien de semblable! Qu'avez-vous donc à lui reprocher?

LÉGER.

Les plus grands torts qu'une femme bien née puisse avoir envers son mari.

BELVAL.

Air :

C'est bien, monsieur, je vous entends :
Oui, votre destin est pénible.
A de semblables accidents,
Quel homme ne serait sensible?

Mais on fuit un éclat fâcheux ;
Sur ce mal, dont on s'accommode,
On peut bien et fermer les yeux
Et rester un homme à la mode.

LÉGER.

Monsieur l'avocat, si vous continuez de la sorte, vous res-
semblerez à beaucoup de vos confrères, et l'on aura difficilement l'avantage de vous comprendre.

BELVAL.

Eh bien, je serai clair et laconique ; en deux mots, votre
femme vous a-t-elle injurié, battu ou.... vous m'entendez
bien ?

LÉGER.

Monsieur ! ma femme est incapable de s'oublier à ce point !
Je ne souffrirais même pas qu'elle en fût soupçonnée.

BELVAL.

Ainsi, vous n'avez pas d'autre motif pour vous séparer d'elle
que celui de ne plus l'aimer ?

LÉGER.

Moi ! je l'adore toujours !

BELVAL (à part).

Oh, ma foi, c'est trop fort....! (Haut.) Oui, oui, je commence
à comprendre que vous avez raison.... (A part.) Ou plutôt
que vous l'avez tout à fait perdue.

LÉGER.

Raison ! raison ! j'ai mille fois raison. J'ai pris ma femme
par inclination, et me suis laissé prendre de même. Mais je
ne pouvais pas, pour le plaisir d'être marié et notaire, renoncer
à la réputation que je me suis faite dans quelques arts d'agrément. J'ai tous les jours ma partie de billard, ma course à
cheval, mon assaut d'armes et toutes les gageures qui en sont
la suite. Madame voudrait m'obliger à tout abandonner pour
m'occuper des détails fastidieux de mon étude.

BELVAL.

Sans doute, elle a tort.... (A part.) Celui-ci, parbleu, l'emporte sur nous trois !

LÉGER.

Elle me gronde sans cesse...., avec la plus grande douceur,
il est vrai.... Mais je ne puis pas l'aborder, sans en essuyer

un sermon ; et, quoiqu'ils vaillent mieux, à coup sûr, que ceux de la plupart de nos prédicateurs, ils n'en lassent pas moins ma patience.

BELVAL.

Je vois là un assez grave sujet d'ennui, mais non pas un grief dans le sens de la loi.

LÉGER.

Eh, monsieur, je pourrais en articuler bien d'autres ! Avec de l'esprit et de l'instruction, ma femme est d'un prosaïsme désolant.

BELVAL.

Il y en a tant d'autres aujourd'hui qui sont d'une poésie insupportable !

LÉGER.

Elle veut me parler à chaque instant des détails de son ménage, des prévisions d'un avenir..., qui est fort intéressant sans doute...., mais que je ne serais pas fâché de retarder un peu..... Pourquoi se charger par anticipation des ennuis de la paternité ?

BELVAL.

Quand on est assuré cependant d'en mériter tout le bonheur !

LÉGER.

J'ose m'en flatter, morbleu ! Mais cette considération même ne change rien à ma détermination. Je veux absolument me séparer d'une femme dont les goûts se sont vulgarisés au point....

BELVAL.

Au point...?

LÉGER.

D'abandonner son piano.

BELVAL.

Son piano !

LÉGER.

Qui faisait autrefois ses délices.

BELVAL.

Madame est musicienne ?

LÉGER.

Et de première force.

BELVAL.

En vérité?

LÉGER.

Je vous le garantis.

BELVAL.

Et vous, monsieur, êtes-vous musicien?

LÉGER.

Je m'avise quelquefois de chanter, et j'aime passionnément la bonne musique.

BELVAL.

Qui est assez rare : mais il suffit. Vous ne vous séparerez point de votre femme.

LÉGER.

Comment?

BELVAL.

Non, monsieur, non, j'ai un moyen infaillible de rétablir entre vous l'harmonie. Je ne veux, pour cela, que vous faire chanter le duo délicieux de Mathilde et Arnold, auquel j'ai fait quelques variations.

LÉGER.

Y pensez-vous!

BELVAL.

Impossible de résister à la musique de Rossini arrangée de ma façon.

LÉGER.

Encore une fois, monsieur l'avocat, ce n'est pas de cela qu'il s'agit.

BELVAL.

Oh, parbleu! je veux que vous en jugiez par vous-même. Tenez, je ne vous chanterai qu'une partie avec accompagnement. *(Il s'assied au piano et prélude.)* Ecoutez, écoutez.

LÉGER.

Voilà de singuliers talents pour réussir au barreau! Et moi qui le trouvais déjà trop raisonnable!

BELVAL.

N'est-il pas vrai que ce début est charmant?

LÉGER.

Charmant, en effet.... Mais j'avais besoin d'un jurisconsulte, et non d'un virtuose : ainsi, je vous salue. *(Il sort.)*

BELVAL *(toujours assis.)*

Comment, vous partez!

12

SCÈNE XII.

BELVAL, DORMEUIL.

DORMEUIL.

Quel est ce monsieur qui te quitte ?

BELVAL.

Un client.

DORMEUIL.

Et c'est au piano que tu lui donnes audience?

BELVAL.

Le barbare n'y entend rien.

DORMEUIL.

C'était cependant le plus sûr moyen de t'attirer son admiration. Ainsi, toujours le même, toujours extravagant ! Je parie que c'est encore une affaire perdue par ta faute.

BELVAL.

C'est par la sienne, morbleu.... ou plutôt.... par la tienne ; oui, c'est à toi que je dois m'en prendre. Ton mauvais exemple me pervertit.

DORMEUIL.

En vérité, le reproche est bien adressé ! Je le mérite.... au moins par ma coupable condescendance pour tes folies.

BELVAL.

Comment ! ce matin même n'es-tu pas venu m'interrompre? et pour chanter une.... mauvaise romance, n'es-tu pas cause que j'ai perdu un bon procès?

DORMEUIL.

Tu as perdu le procès de M. Durocher, malheureux....! Ce n'était donc pas assez de m'avoir retenu à écouter tes éternels préludes de piano, pour m'empêcher de trouver un huissier et me faire manquer la formalité de son expropriation !

BELVAL.

Manquer sa formalité....! au moins j'ai la ressource de l'appel, de la requête civile, du recours en cassation. Mais toi !

DORMEUIL.

J'ai la meilleure de toutes....: celle de l'argent. Ce sont quelques frais qu'il peut m'en coûter. Ainsi, tu le vois,

AIR :

A ta faute, certainement,
La mienne n'est pas comparable :
Quand je perdrais un peu d'argent,
Le mal est assez réparable.
Mais, que dis-je ? tu le sais bien :
Sur l'ensemble de ses affaires,
Un procureur a le moyen
De faire qu'il ne perde rien :
Tous ses clients sont solidaires.

SCÈNE XIII.

LES PRÉCÉDENTS, UN CLERC.

LE CLERC, *à Dormeuil.*

Une dame désire parler à monsieur, en particulier.

DORMEUIL.

Priez-la de passer ici. *(A Belval)* Si c'est une cliente, j'espère
bien la retenir, et, d'avance, je te réponds à toi-même que son
procès est excellent.

BELVAL.

Tu as raison : réparons nos fautes, s'il est possible. Je vais,
de mon côté, essayer de retrouver mon plaideur, et puisqu'au
palais nous vivons des sottises d'autrui, je profiterai des siennes.
(Il sort).

SCÈNE XIV.

Mme LÉGER, DORMEUIL.

Mme LÉGER.

Une cruelle nécessité, monsieur, me met dans le cas de
recourir à vous.

DORMEUIL.

Il me serait plus agréable de devoir cet avantage à un autre
motif.

Mme LÉGER.

Je sais que mon mari fait des démarches pour provoquer une
séparation judiciaire contre moi.

DORMEUIL.

AIR :

Un tel projet paraît peu raisonnable ;
Peut-être aussi n'est-il pas sérieux ;
On doit, du moins, le trouver peu croyable
Dès que sur vous on a jeté les yeux.
Ah ! s'il obtint le bonheur de vous plaire,
De son destin qui ne serait jaloux !
    Loin de se séparer de vous,
    Qui ne voudrait tout le contraire?

Mme LÉGER.

Je suis sensible à votre galanterie, monsieur ; mais je serais plus reconnaissante encore de vos conseils.

DORMEUIL.

Tout mon dévouement vous est acquis, madame.

Mme LÉGER.

J'ai compris les devoirs du mariage bien autrement que l'homme à qui j'ai uni ma destinée : il est d'une légèreté qui n'a pas d'exemple.

DORMEUIL.

Tout lui commanderait cependant une constance sans égale.

Mme LÉGER.

Encore une fois, monsieur, permettez-moi de vous dire que je ne sollicite point un madrigal ; je ne me pique pas d'être coquette, et monsieur est avoué, je pense.

DORMEUIL.

Ah ! madame, le contraste de ces deux idées me ramène à toute la gravité de ma position.

Mme LÉGER.

Je m'en applaudis et je continue. C'est à vous que je m'adresse pour résister aux démarches inconsidérées de mon mari. Pour entamer une séparation, il faut des motifs...., et les siens....

DORMEUIL.

Je dois attendre que vous vouliez bien me les confier.

Mme LÉGER.

Rien de plus facile.... Il n'en a point.

DORMEUIL.

Ce n'est pas toujours une raison suffisante pour échouer au palais.

Mᵐᵉ LÉGER.

Je n'ai peut-être qu'un reproche à me faire.

DORMEUIL.

Celui ?

Mᵐᵉ LÉGER.

D'aimer beaucoup trop mon mari.

DORMEUIL.

La nature du grief le rend à coup sûr très-digne d'indulgence. Mais il aurait bien tort de n'être pas aussi coupable envers vous.

Mᵐᵉ LÉGER.

Je suis également certaine de son amour.

DORMEUIL.

Alors, madame, je vois difficilement en quoi je pourrai vous être utile.

Mᵐᵉ LÉGER.

Je vous l'ai dit : c'est en m'aidant de tout votre pouvoir à arrêter, s'il est possible, le procès que M. Léger veut m'intenter ; c'est en résistant, au besoin, jusqu'aux dernières limites de la procédure.

DORMEUIL.

Ceci peut vous mener loin.

Mᵐᵉ LÉGER.

Je ne me lasserai pas. Si celui dont je porte le nom néglige ses devoirs d'époux et ceux de sa profession, c'est à moi de l'y ramener à force de remplir les miens.

DORMEUIL.

Que de femmes seraient moins à plaindre si elles suivaient vos maximes !

Mᵐᵉ LÉGER.

Je les dois à une éducation très-simple et aux exemples des excellents parents qui ont pris soin de la diriger.

DORMEUIL.

Et qui seront heureux de vous les voir suivre. (*A part*) Originale et intéressante, ma foi !

Mᵐᵉ LÉGER.

Je crois avoir été bonne fille et bonne amie : de nouveaux liens m'appellent à d'autres obligations,

AIR :

Et quand on a goûté les charmes
D'un sentiment délicieux,
Quand du bonheur les douces larmes
Une fois ont mouillé nos yeux,
Le souvenir de bien des peines
Peut s'éteindre dans un baiser,
Et l'on voudrait doubler les chaines
Loin de chercher à les briser.

DORMEUIL (*s'exaltant à mesure qu'il entend M*^me^ *Léger*).

Bien, madame! bien! (*A part*) Je suis vraiment enchanté!

Mme LÉGER.

Oui, monsieur, quels que soient les torts d'Ernest, je ne veux point avoir à m'en adresser à moi-même. Je n'y ai opposé jusqu'à présent que de la patience et de la raison : j'y opposerai, s'il le faut, toute l'énergie possible.

DORMEUIL.

A merveille! (*A part*) Le caractère se dessine parfaitement.

Mme LÉGER.

Je n'obéis qu'aux notions du bon sens le plus vulgaire. — Ernest fuit le domicile conjugal : je me fais une habitude d'y rester, et un bonheur de l'y revoir à de rares intervalles. Il dépense en plaisirs frivoles des sommes considérables : j'en amoindris l'énormité par le rigorisme de mes économies. Il ne trouve de distractions que loin de sa demeure : toutes les miennes consistent dans les soins de mon ménage et dans la surveillance trop peu éclairée que j'apporte aux choses qu'il néglige. Il porte, par étourderie, à d'autres femmes, des hommages qui me seraient dus : mon cœur en gémit sans doute, mais rien ne saurait le distraire d'une affection légitime.

DORMEUIL.

Impossible, madame, de concevoir quelque chose de mieux.

Mme LÉGER.

Ainsi, vous entrevoyez et vous approuvez mon plan?

DORMEUIL.

Admirablement tracé.

Mme LÉGER.

Dans l'espérance d'un avenir.... qui peut ne pas être le nôtre seulement, je n'ai pas voulu céder à ses instances et me prêter à la dissipation de ma fortune. Il faut que ma prévoyance et ma fermeté lui profitent à lui-même. Une séparation, à ce qu'il dit, peut lui donner la disposition d'une partie de mes biens. Ah ! ce n'est pas pour l'empêcher de les avoir, c'est pour l'empêcher de les perdre que je veux m'y opposer. J'ai mis, et je mettrai d'abord en usage tout ce que le sentiment peut avoir de plus persuasif.

DORMEUIL.

Le sentiment d'abord : c'est cela.

Mme LÉGER.

J'emploierai successivement les arguments, les prières, les larmes.

DORMEUIL.

Les larmes ! oui, oui, les larmes, surtout !

Mme LÉGER.

S'il persiste, s'il veut absolument m'amener devant les tribunaux, j'irai : vous y serez mon guide. Je conserverai devant eux l'attitude qui convient au bon droit, j'y parlerai avec cette éloquence du cœur que donne la vérité.

DORMEUIL.

Cela va produire un effet surprenant.

Mme LÉGER.

Mais si, contre mon attente, je succombe dans la lutte, je ne me tiendrai pas encore pour vaincue ; et loin de souscrire, avec une lâche condescendance, au dernier des arrêts qu'il aura pu obtenir contre moi, il faudra qu'il emploie la force et la violence pour le mettre à exécution. Au lieu de le quitter, je le suivrai, je me lierai à lui, comme le remords à la conscience du coupable, et des gendarmes seuls pourront m'en arracher.

DORMEUIL (au comble de l'exaltation).

Dévouement unique ! Je réponds du parterre.

Mme LÉGER.

Comment, du parterre !

DORMEUIL.

Oui, madame, vous venez de me fournir le sujet du drame le plus intéressant. Je le choisis pour mon début au théâtre, et je vais y créer un rôle que Mme Dorval elle-même aurait été heureuse de remplir.

Mme LÉGER.

Quelle est cette plaisanterie?

DORMEUIL.

Ce n'est pas une plaisanterie.

Mme LÉGER.

En effet, c'est une insulte, et des moins pardonnables. Il me semble, monsieur, que ma position et mes sentiments n'ont rien de comique, ou qui puissent prêter à vos sanglants sarcasmes. Mais je reviens de l'erreur où j'étais moi-même, en croyant m'adresser à un membre du barreau qui comprît la dignité de sa profession. (*Elle se dirige vers la porte pour sortir.*)

DORMEUIL.

De grâce, madame, daignez m'écouter.

Mme LÉGER.

Non, monsieur, vous n'êtes pas avoué, ou vous n'êtes pas digne de l'être!

SCÈNE XV.

LES PRÉCÉDENTS, BELVAL, LÉGER.

BELVAL, *à Dormeuil.*

Eh bien, ta cliente t'abandonne, quand je ramène mon client!

LÉGER.

Que vois-je? ma femme.

Mme LÉGER.

Ernest!

(Belval et Dormeuil se regardent avec surprise.)

DORMEUIL (*à part*).

Voilà une scène que je n'avais pas encore imaginée!

BELVAL (*à part*).

Comment nous en tirer?

LÉGER (*à Belval*).

Quoi, monsieur, c'était pour me mettre en présence de madame que vous m'avez ramené ici!

BELVAL (*embarrassé*).

Mais.... vous n'aurez peut-être pas à vous en plaindre.

Mme LÉGER (*à Dormeuil*).

Mon mari était déjà venu dans cette étude? Quelle indignité!

DORMEUIL.

Madame...., je vous prie de croire....

BELVAL.

Que nos intentions sont des plus pures....; qu'avec des personnes aussi honorables...., aussi éclairées....

DORMEUIL.

Animées de si nobles sentiments....

BELVAL.

Nous avons essayé....

DORMEUIL.

Nous avons combiné nos efforts....

BELVAL.

Pour prévenir, s'il était possible, par une transaction....

Mme LÉGER.

Une transaction, monsieur!

DORMEUIL.

C'est une réconciliation que mon ami veut dire.

LÉGER.

Une réconciliation!

BELVAL.

On se réconcilie toujours quand on s'arrange.... (*Bas à Dormeuil*) Donnons-nous au moins les honneurs du désinté-ressement.

Mme LÉGER (*à Dormeuil*).

Me direz-vous le mot de cette énigme?

LÉGER (*à Belval*).

Expliquez-vous, enfin, monsieur l'avocat!

DORMEUIL (*à Belval*).

Oui, Belval, explique à monsieur.... ce qui a été projeté.

BELVAL.

Non, non, dis-le toi-même...., tu le rendras d'une manière plus lucide.

DORMEUIL.

Moi, pas du tout.... Cependant, il me semble que, dans les dispositions où j'ai trouvé madame....

BELVAL.

Comme dans celles où j'ai laissé monsieur....

DORMEUIL.

Madame consentira toujours....

BELVAL.

Monsieur ne refusera pas sans doute....

DORMEUIL.

Allons, madame, un mot de votre bouche !

BELVAL.

Allons, monsieur, un regard sur madame !

(Léger et sa femme se regardent pendant quelques instants sans parler, mais avec l'expression d'une tendresse respective. Mme Léger tend la main à son mari en l'appelant seulement :)

Ernest !

LÉGER (*se jetant dans les bras de sa femme*).

Ah ! mon Emilie, était-ce ici que je devais te demander et obtenir mon pardon !

Mme LÉGER (*elle dit en s'évanouissant*).

La douleur me donnait des forces ; le bonheur me les ôte.

DORMEUIL (*à part*).

J'étouffe également.

BELVAL (*à part*).

Moi, je respire.

LÉGER (*en déposant sa femme dans un fauteuil*).

Aidez-moi à la secourir, messieurs : c'est une attaque de nerfs.

BELVAL (*allant à son piano*).

La musique peut-être calmerait....

DORMEUIL.

Es-tu fou ! Courons chercher Merville.

SCÈNE XVI ET DERNIÈRE.

LES PRÉCÉDENTS, MERVILLE, DUROCHER.

(Pendant que Léger fait respirer un flacon à sa femme, Belval l'évente avec un rouleau de papier de musique. Dormeuil se dirige vers la porte du fond.)

DORMEUIL.

Mais c'est lui-même que j'entends.

MERVILLE (*parlant à quelqu'un qui est encore dehors*).

Vous changerez de résolution.

187

DUROCHER (*en-dehors*).

Jamais : à tous les trois, votre congé en bonne forme.

DORMEUIL (*à Merville*).

Viens donc, mon ami, nous avons besoin de toi.

MERVILLE (*s'arrêtant en extase devant Mme Léger*).

C'est la tête d'Atala au tombeau ! (*A part*) Demain, elle sera dans mon album.

DUROCHER (*apercevant M. et Mme Léger*).

Ma nièce et son mari !

BELVAL.

Aïe ! l'imbroglio recommence.

DUROCHER (*poussant Merville*).

Allons, monsieur le médecin, une fois de votre vie, songez à votre état.

MERVILLE (*Il se hâte de prendre la main de Mme Léger ; après l'avoir examinée un instant, il se retourne et dit :*)

Ce n'est rien : c'est un évanouissement qui ne peut provenir que d'un peu d'émotion.

LÉGER, DORMEUIL, BELVAL (*ensemble*).

C'est vrai.

DUROCHER, *avec satisfaction*.

A la bonne heure !

MERVILLE.

AIR :

Ainsi, soyez sans alarmes :
Le mal n'est pas dangereux ;
Bientôt avec tous leurs charmes
Vous reverrez ces beaux yeux.
Souvent la coquetterie
Prend un air sentimental,
Et jamais femme jolie
N'est mieux qu'en se trouvant mal.

Mme LÉGER (*revenant à elle*).

Ernest, te voilà... ; tu ne veux plus me quitter, n'est-ce pas ?

LÉGER.

Jamais, mon Emilie, jamais !

DUROCHER.

Qu'est-ce que cela veut dire ?

Mᵐᵉ LÉGER.

Quoi, mon oncle, c'est vous... Soyez témoin de sa promesse et de ma joie : nous allions entamer un odieux procès en séparation.

DUROCHER (*montrant Dormeuil et Belval*).

Et vous vous étiez adressés à ces messieurs?

Mᵐᵉ LÉGER.

Un heureux hasard nous y a conduits l'un et l'autre; je le déplorais d'abord, par la manière dont monsieur m'a parlé. (*En montrant Dormeuil.*) Combien je m'en applaudis maintenant!

LÉGER (*en montrant Belval*).

Je croyais ne devoir à monsieur qu'une utile leçon sur la négligence que trop de personnes apportent à l'exercice de leur état. Mais je lui ai une bien plus grande obligation.

Mᵐᵉ LÉGER.

Et moi, mon ami! Car nous ne pouvons plus en douter, ils se sont entendus pour nous empêcher de plaider.

DUROCHER.

Ils se sont entendus...! Allons, ils n'en feront jamais d'autres.

MERVILLE (*à Durocher*).

Vous ne l'auriez pas cru?

DUROCHER.

Je n'y étais que trop disposé, morbleu!

MERVILLE.

Eh bien, d'honneur...., je n'allais pas jusque-là; mais j'étais persuadé que vous reviendriez de la mauvaise opinion que vous avez de nous.

BELVAL.

Notre premier devoir est d'éclairer les plaideurs sur leurs véritables intérêts.

DORMEUIL.

La plus noble partie de nos fonctions est de prévenir, quand on le peut, de fâcheux débats.

DUROCHER.

Voilà qui est admirable, sans doute; et ma nièce profite de ce bel étalage de sentiments. Mais votre état, messieurs, votre état! Non, certes, je ne changerai pas de résolution.

Mᵐᵉ LÉGER.

Vous aviez résolu, mon oncle...?

DUROCHER.

De ne plus vouloir de ces trois messieurs pour mes gendres.

LÉGER.

Et la raison ?

DUROCHER.

C'est qu'ils font comme vous, monsieur mon neveu : ils ne s'occupent pas de leur état. Votre réconciliation avec Emilie vous le prouve assez : refuser deux procès à la fois!

Mme LÉGER.

Si vous le regardez comme une faute, excusez-la en faveur du bonheur qu'elle me procure.

LÉGER.

Et de l'exception qu'elle fait aux habitudes du barreau.

BELVAL.

J'appellerai, monsieur, du procès que ma négligence vous a fait perdre.

DORMEUIL.

Je recommencerai, à mes frais, votre formalité d'expropriation.

DUROCHER.

Tout cela devient inutile, car j'ai traité avec mes adversaires. Cependant, messieurs, je me souviendrai de ce que vous avez fait pour ma nièce. Mais vous sentez que je dois encore prolonger votre noviciat de quelque temps.

MERVILLE.

Et chacun de nous, instruit par l'expérience, fera bientôt ce que tout le monde devrait faire. Il appliquera le proverbe :

Chacun son.... état.

AU PUBLIC.

AIR :

Oui, désormais, d'un peu de négligence,
Chacun de nous tâchera de guérir ;
Chacun de nous a besoin d'indulgence,
Et c'est ici qu'il voudrait l'obtenir.
Du pauvre auteur, qu'elle soit le salaire.
Ah! n'allez point, par un fâcheux éclat,
Lui démontrer que chercher à vous plaire
Est bien son vœu, mais non pas son état.

ROMANCE

QUE DORMEUIL PEUT CHANTER AU BESOIN (1ʳᵉ SCÈNE).

(La musique en avait été faite par M. d'Adhémar : je ne l'ai pas)

—

LE BONHEUR D'Y RÊVER.

Non, c'en est fait, je n'ai plus d'espérance,
Et ses beaux yeux m'ont prouvé sa rigueur :
Un autre amour ou trop d'indifférence
M'ont à jamais éloigné de son cœur.
Mais si, toujours insensible ou sévère,
D'un doux regard elle veut me priver,
Si je n'ai pas le bonheur de lui plaire,
J'aurai du moins celui de le rêver.

Je l'entendrai quelquefois sur sa lyre
Plaindre un amour qui n'est pas partagé,
Et je croirai, dans mon heureux délire,
Qu'à mes ennuis peut-être elle a songé.
Mais si le son d'une voix aussi tendre
Jusques à moi ne peut plus arriver,
Si je n'ai pas le bonheur de l'entendre,
J'aurai du moins celui de le rêver.

De mes rivaux, je serai fier moi-même ;
En les voyant enchaînés sous sa loi,
Je me dirai : C'est la beauté que j'aime,
Chacun a dû l'adorer comme moi.
Mais loin des lieux qu'embellit sa présence,
Si le destin doit un jour l'enlever,
Loin de Julie, en pleurant son absence,
Je n'aurai plus qu'un bonheur : y rêver.

FIN.

TABLE.

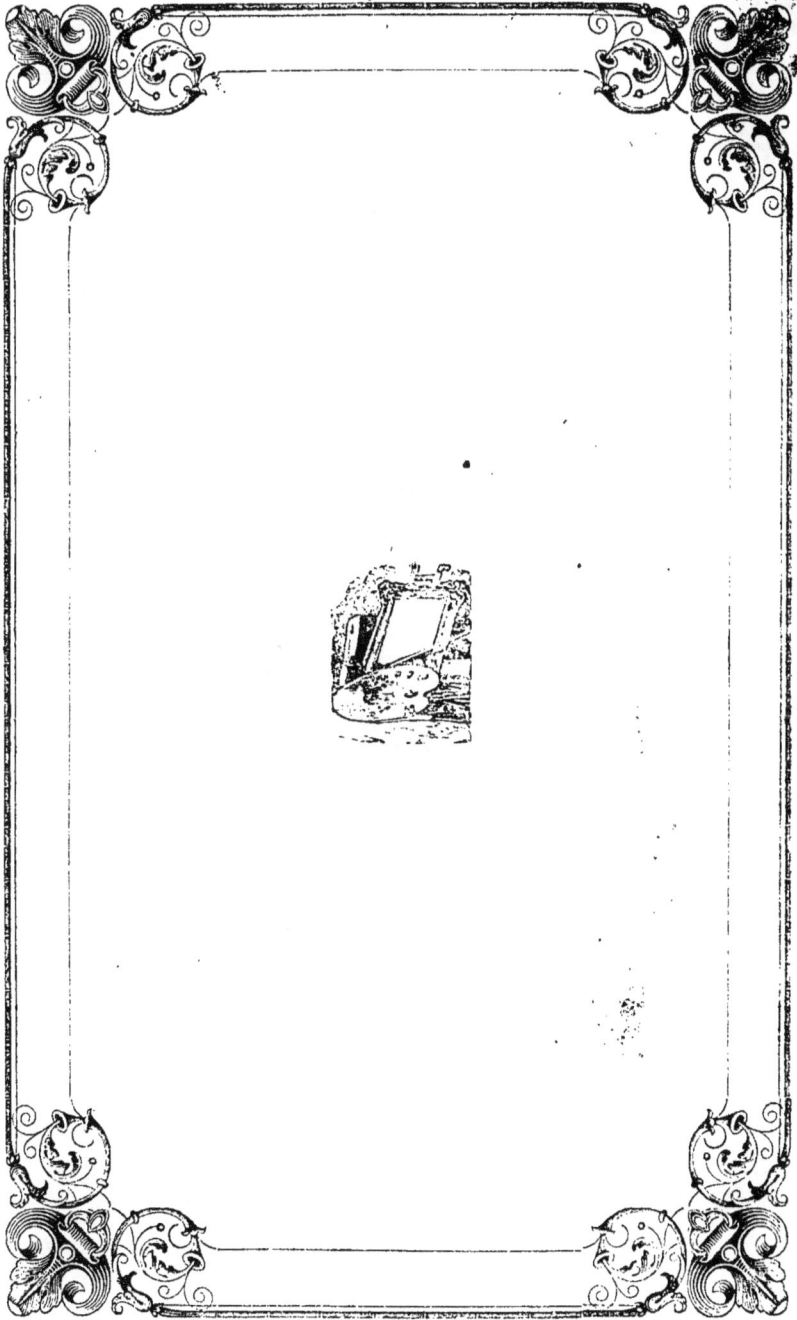